ANDERSEN VIANA

Sonata para Contrabaixo e Piano

Marcelo Cunha

Andersen Viana

Sonata para Contrabaixo e Piano

autêntica

Este livro foi realizado com recursos da Lei Municipal de Incentivo à Cultura da Prefeitura de Belo Horizonte. Fundação Municipal de Cultura.

EDITORA RESPONSÁVEL
Rejane Dias

EDITORA ASSISTENTE
Cecília Martins

ASSISTENTE EDITORIAL
Rafaela Lamas

REVISÃO
Lúcia Assumpção

CAPA
Diogo Droschi (sobre imagem de bizoo_n [IstockPhoto])

IMAGENS
Arquivo pessoal de Andersen Viana, exceto quando indicado de outro modo.

DIAGRAMAÇÃO
Guilherme Fagundes

Dados Internacionais de Catalogação na Publicação (CIP)
(Câmara Brasileira do Livro, SP, Brasil)

Cunha, Marcelo
Andersen Viana: Sonata para Contrabaixo e Piano / Marcelo Cunha. -- 1. ed. -- Belo Horizonte : Autêntica Editora, 2015.

ISBN 978-85-8217-779-2

1. Compositores - Entrevistas 2. Contrabaixo - Música 3. Maestros - Biografia 4. Música brasileira 5. Piano - Música 6. Regentes (Música) - Brasil - Biografia 7. Viana, Andersen, 1962- I. Título.

15-09346 CDD-784.209281

Índices para catálogo sistemático:
1. Brasil : Maestros : Biografia 784.209281

GRUPO **AUTÊNTICA**

Belo Horizonte
Rua Carlos Turner 420,
Silveira . 31140-520
Belo Horizonte . MG
Tel.: (55 31) 3465 4500
Televendas: 0800 283 13 22
www.grupoautentica.com.br

Rio de Janeiro
Rua Debret, 23, sala 401
Centro . 20030-080
Rio de Janeiro . RJ
Tel.: (55 21) 3179 1975

São Paulo
Av. Paulista, 2.073,
Conjunto Nacional, Horsa I
23º andar . Conj. 2301 .
Cerqueira César . 01311-940
São Paulo . SP
Tel.: (55 11) 3034 4468

AGRADECIMENTOS

Ao meu orientador, professor Fausto Borém, por seu real interesse. Aos professores Ricardo Tacuchian e Naílson de Almeida, pelo auxílio e incentivo.

Aos meus principais professores de contrabaixo, Héctor Espinosa e Antônio Arzolla, que me possibilitaram ser contrabaixista.

Ao compositor Andersen Viana, pela fundamental contribuição.

A todos os colegas de mestrado, que partilharam dois anos de estudos e amizades.

Sumário

Prefácio

Diálogos entre o criador e o intérprete

Ricardo Tacuchian[1]

Nunca saberemos exatamente até que ponto Domenico Dragonetti influenciou Beethoven, em sua escrita para o contrabaixo ou que tipo de colaboração Giovani Bottesini teve com Verdi, na elaboração de algumas partes do instrumento em suas óperas. O fato é que, tanto no universo do contrabaixo como de todos os demais instrumentos, sempre houve um diálogo entre o criador e o intérprete, em busca de um idiomatismo instrumental perfeito e uma expansão das possibilidades do instrumento. Marcelo de Magalhães Cunha mergulha no tema com desenvoltura e relaciona vários exemplos deste tipo de diálogo. Seu ponto de partida é a preciosa *Sonata para Contrabaixo e Piano* de Andersen Viana, que dialogou com o contrabaixista Fausto Borém ao escrevê-la. Mas, no livro, Cunha explora ainda outros pontos intrínsecos e extrínsecos da obra e que dão uma visão de 360 graus do processo criativo que culminou em sua realização.

A música pertence a um universo independente da linguagem escrita. Ela expressa pensamentos, sentimentos, expressões e outras dimensões da natureza humana que são indizíveis somente através da palavra. Por isso, qualquer tentativa de descrição de uma obra de arte é um empreendimento arriscado, um verdadeiro desafio para o autor. Vejamos, por exemplo, a tentativa de definir a forma Sonata. Expor seus elementos estruturais, temáticos, tonais não dá conta da diversidade do conceito, em diferentes épocas históricas ou, mesmo, não esclarece a ambiguidade provocada por elementos contrastantes que, estes sim, se aproximam do conceito de sonata. É o que poderíamos chamar o drama que caracteriza a forma que foi e ainda é tão

[1] Maestro e compositor. Membro da Academia Brasileira de Música.

cara aos compositores de concerto. Não basta uma estrutura tripartida de exposição-desenvolvimento-reexposição se o caráter da forma não estiver presente. E a *Sonata* de Andersen Viana nos ajuda a compreender este universo quase intangível com as nossas palavras. A sonata seria um "drama sem palavras".

Há outro conceito que deve ser levado em conta: o que caracterizaria uma obra de arte. Esta não possui uma terminalidade em si mesma. Ela gera várias interpretações, diferentes abordagens analíticas e, até, novas formas artísticas. A obra de arte é o produto de um contexto (época/linguagem/mídia/público) que deve ser levado em conta ao tentarmos explicá-la. Sob este ponto de vista, Andersen Viana – *Sonata para Contrabaixo e Piano* é, também, rica de relações, direções, linguagem própria e idiomatismo instrumental. Enfim, é um organismo vivo em constante mutação.

Foi compreendendo estas questões que Marcelo de Magalhães Cunha se deixou seduzir pela obra e percebeu que ela possuía todo um potencial estético a ser explorado e que lhe permitiria desenvolver uma série de noções que ultrapassam os limites da própria peça. O autor do livro, a partir da primorosa obra de Viana, nos informa sobre a vida e a carreira do compositor, seu contexto familiar e social e seu pensamento estético. Cunha também faz uma revisão sucinta, mas bem documentada, da história do contrabaixo, desde o seu antecedente, o *violone* vienense, até o presente. Ele mostra a progressiva riqueza de seu repertório, a partir do século XX, depois dos grandes pioneiros do passado. Os avanços técnicos e de *design* do instrumento acompanharam as audácias dos criadores, sempre ávidos por propor novos caminhos sonoros.

O livro enfatiza dois pontos fundamentais da criação musical moderna: a relação intérprete/compositor e a questão do idiomatismo instrumental. Na verdade, estes dois pontos se relacionam entre si. A história da música revela que os grandes compositores do passado consultavam os instrumentistas para a exploração de todo o potencial do instrumento, procurando ampliar suas possibilidades. O idiomatismo instrumental é, hoje em dia, uma pedra de toque da criação musical: o que se escreve para flauta só pode ser tocado pela flauta, o que se escreve para contrabaixo só pode ser tocado pelo contrabaixo. Parece óbvio, mas, no passado, nem sempre foi assim e, com certa frequência, passagens destinadas para um instrumento eram tocadas por outro, por conveniência prática. A relação compositor/intérprete também é essencial para garantir a exequibilidade de passagens musicais sujeitas a limitações acústicas do instrumento, e anatômicas e funcionais do intérprete. Em resumo, idiomatismo e diálogo entre compositor e instrumentista são questões complementares e que foram muito bem abordadas no livro de Marcelo de Magalhães Cunha, ele mesmo um experiente contrabaixista. Além de pesquisador, ele propõe linhas interpretativas para a obra de Viana, a partir da fundamentação teórica de Thurmond e do princípio da *note grouping*.

O livro *Andersen Viana: Sonata para Contrabaixo e Piano* nos revela uma obra do moderno repertório brasileiro para contrabaixo em todos os seus detalhes formais, contextuais e interpretativos e confirma a sólida posição que o premiado compositor mineiro tem no cenário musical brasileiro. O autor do livro demonstrou uma rara capacidade de tratar tantos assuntos diferentes, integrando-os entre si com a devida profundidade, mas de modo objetivo. Ele venceu a difícil tarefa de "falar" sobre música. É claro que nenhuma palavra substituirá aquilo que a execução da obra em si poderá nos propiciar. Entretanto, esta não foi a tarefa de Marcelo Cunha neste livro. É uma tarefa dos intérpretes que mostrarão os diferentes caminhos que a obra propõe, justamente por ser um organismo vivo, cheio de relações e de possibilidades interpretativas.

Os diálogos entre o criador e o instrumentista vêm antes e depois do processo criativo propriamente dito. Antes são tratadas as questões idiomáticas, depois as questões interpretativas. Mas, na verdade, o ciclo nunca se fecha. A obra de Andersen Viana e o livro de Marcelo de Magalhães Cunha confirmam isso.

Rio de Janeiro, 22 de agosto de 2014.

Considerações iniciais

O compositor Andersen Viana tem produzido um repertório musical variado e significativo, incluindo 354 títulos, entre obras de câmara, música vocal e sinfônica, ópera, música eletrônica, trilhas sonoras para cinema e teatro, e em menor proporção, jazz e música popular, tendo recebido, até o momento, vinte e cinco premiações por sua obra musical na Alemanha, Argentina, Bélgica, Brasil, Espanha, Estados Unidos, França e Itália. No âmbito da *Sonata para Contrabaixo e Piano* – objeto específico deste estudo –, o compositor identifica-se com o neoclassicismo, o neorromantismo e o neonacionalismo. Sua vasta experiência como flautista e violista profissional foi fundamental na busca de uma escrita instrumental idiomática que ao mesmo tempo explorasse o potencial máximo de cada instrumento e fosse prazeroso para o instrumentista e interessante para o pesquisador e para o público ouvinte.

Sua *Sonata para Contrabaixo e Piano* foi vencedora do 1º Lugar no II Concurso de Composição para Contrabaixo no ano 1996, promovido pela Universidade Federal de Minas Gerais e pela Associação Brasileira de Contrabaixistas, com a colaboração do contrabaixista Fausto Borém. Esta colaboração refletiu-se em decisões e escolhas relacionadas à técnica atualizada do instrumento e seu potencial de interpretação.

Os três movimentos da *Sonata para Contrabaixo e Piano* apresentam-se livremente dentro das formas tradicionais, como o rondó, a valsa, a canção e, principalmente, a forma sonata, que aparece de maneira menos convencional. Sob o ponto de vista da interpretação no desenvolvimento deste trabalho, foi utilizada a concepção do método *note grouping* (agrupamentos de notas), de James Morgan Thurmond, e a experiência de *performance* do autor deste trabalho.

Introdução

Muito já se tem falado e escrito sobre a rejeição do contrabaixo como instrumento solista, porém, cabe lembrar alguns aspectos. Até o século XIX, raras são as obras compostas especificamente para o contrabaixo. A exceção do repertório dos compositores da Escola de Viena no século XVIII, entre os quais J. Haydn (1732-1809) e W. A. Mozart (1756-1791), diz respeito ao *violone*, e não ao contrabaixo como conhecemos hoje (Brun, 1989). No entanto, a partir do século XX, principalmente após a Segunda Guerra Mundial, cresceram em todo mundo o número e a qualidade de composições originais para este instrumento.

A colaboração de contrabaixistas junto aos compositores tornou-se um importante elemento na criação de obras originais e idiomáticas no século XX, principalmente nos últimos setenta anos. Isto pode ser observado também nos outros instrumentos, especialmente aqueles que são mais difíceis para escrita, tais como a harpa e o violão. O presente trabalho pretende mostrar este tipo de colaboração em uma obra específica: a *Sonata para Contrabaixo e Piano* de Andersen Viana, suas possibilidades técnicas dentro da linguagem do instrumento e na elaboração de um repertório mais idiomático. Pretende, também, analisar o estilo composicional desta peça no contexto da obra musical de Andersen Viana, especialmente a *Sonata*, bem como suas possibilidades de interpretação.

No Brasil são raras as composições originais para contrabaixo que datam do começo do século XX. Na década de 1970, alguns compositores, tais como Eduardo Escalante, Mário Ficarelli, Marlos Nobre e Ernst Mahle, se interessaram pelo instrumento. Este último – cuja produção dedicada ao instrumento tem sido regular até o presente – é considerado o principal compositor para o contrabaixo no Brasil. Já na década de 1980, cresceu de maneira considerável a quantidade de obras e compositores dedicados ao instrumento, principalmente após 1984, quando então a Fundação Nacional de Arte encomendou uma série de obras a Francisco Mignone (1897-1986), Henrique de Curitiba (1934), Raul do Valle (1936), Nestor de Hollanda Cavalcanti (1949) e Dawid Korenchendler (1948).

A colaboração de contrabaixistas junto a compositores no Brasil ocorreu em algumas das obras dos autores citados anteriormente, além de outros que serão mencionados no decorrer deste trabalho no capítulo "A interação compositor/contrabaixista no Brasil".

De maneira mais eficaz, tal tipo de parceria tornou-se evidente na década de 1990, especialmente devido ao estímulo promovido por concursos de composição dedicados ao contrabaixo e ao apoio dado por instituições governamentais a pesquisas formais sobre o instrumento. Um exemplo é o projeto Contrabaixo para Compositores coordenado pelo Professor Doutor Fausto Borém (UFMG) desde o ano 1994, cujo objetivo é incentivar a colaboração entre a composição musical e a *performance,* gerando, desta maneira, um repertório mais idiomático para o contrabaixo. No conjunto de obras relacionadas neste projeto de pesquisa, destaca-se a *Sonata para Contrabaixo e Piano* de Andersen Viana, bem como o presente trabalho.

Para contextualizar a importância da parceria compositor/intérprete e, consequentemente, da obra em questão, apresentamos, preliminarmente, um relato sobre a história das composições sobre contrabaixo. Nessa parte, o principal referencial teórico foi o livro de Paul Brun, *A History of the Double Bass* [Uma história do contrabaixo], no qual o autor narra detalhes sobre a origem, a construção, os fabricantes, os instrumentistas, os compositores e as composições, desde o século XVII, passando pelo *violone* vienense do século XVIII, até o contrabaixo moderno tal qual como conhecemos neste século.

Sobre a interação compositor/intérprete, recorremos aos periódicos mais importantes da área, o norte-americano *International Society of Bassists* (ISB), atualmente *Bass World,* e o inglês *Double Bassist.* Com tiragem trimestral, seus artigos e entrevistas tratam de acessórios, instrumentos, instrumentistas, *performance,* a interação entre compositores e intérpretes e novas composições, além da divulgação de encontros e festivais específicos de contrabaixo. Outro referencial, que também trata dessa interação, são os diversos artigos escritos e publicados em periódicos, anais de congressos e sites na internet. Nesses textos, poderemos encontrar matéria específica sobre compositores e contrabaixistas no mundo e no Brasil, além de relatos de experiência individual em colaborações na composição de novas obras para contrabaixo.

Como este trabalho tem um foco específico na *Sonata para Contrabaixo e Piano* de Andersen Viana, coube a realização de uma biografia inédita e um breve estudo sobre seu estilo composicional. Essa parte do trabalho tem o objetivo de apresentar o compositor, assim como uma pequena parte de sua obra musical, inseridos no cenário estético e musical brasileiro, uma vez que existe pouca informação sobre ele. Em relação à caracterização de seu estilo, adotamos um autor estrangeiro para referências dentro do panorama internacional, Pierre Boulez (1925), e outro para o cenário nacional, Ricardo Tacuchian (1939). No livro *Apontamentos de aprendiz,* uma coletânea de textos sobre música e os compositores do século XX, Boulez (1995), de maneira irônica e céptica, reflete sobre as tendências da atual estética musical, principalmente na Europa. Nas seções dedicadas a Igor Stravinsky (1882-1971) e Bela Bartók (1881-1945), encontramos relação desses compositores com o neoclassicismo, estilo com o qual se identifica também parte da obra musical de Andersen Viana. Já no artigo "Duas décadas de música de concerto no Brasil: tendências estéticas", Tacuchian analisa a música erudita brasileira nas décadas de 1980 e 1990, organizando três blocos distintos para cada tendência musical. São estudados os pontos de convergência entre a música de Andersen Viana (*Sonata para Contrabaixo e Piano*) e aquela do bloco neoclássico/neorromântico.

Com relação ao objeto central de estudo, investigamos três pontos fundamentais da *Sonata*: uma análise formal, sugestões para interpretação e um estudo de seus aspectos idiomáticos. No caso da análise, foram adotados dois referenciais, os livros *Expressão e comunicação da linguagem da música,* de Sérgio Magnani, e *Curso de formas musicales*, de Joaquín Zamacois. Através de ambos, buscamos estudar a forma sonata do ponto de vista clássico, ou tradicional, e a partir dos compositores modernos, principalmente os neoclássicos.

No que diz respeito aos aspectos da interpretação, usamos um dos poucos referenciais existentes sobre o assunto: *Note Grouping: a Method for Achieving Expression and Style in Musical Performance* [Agrupamento de Notas: um método para alcançar expressão e estilo na *performance* musical], de James Morgan Thurmond. Como o próprio autor afirma: "poucos autores tentaram colocar no papel regras ou instruções para a execução ou *performance* da música" (THURMOND, 1991). Seu livro é pioneiro nesse aspecto, mas atualmente traz, com suas contribuições, uma polêmica sobre a aceitação de suas premissas. Por exemplo, quanto à aplicação desse referencial teórico em que o autor elege a melodia como "o mais importante e necessário elemento da música" (THURMOND, 1991); ao mesmo tempo em que desconsidera o timbre, a harmonia, as articulações, as diferenças de estilo de época e a importância da estaticidade na música (como a usada no minimalismo). O professor Nailson de Almeida, um dos responsáveis pela introdução dos conceitos de *note grouping* no Brasil, integrou o método à disciplina Práticas Interpretativas, no curso de mestrado da Universidade do Rio de Janeiro (UNIRIO).

Para os aspectos idiomáticos, usamos praticamente os mesmos referenciais da seção sobre a interação compositor/intérprete, ou seja, os artigos dos periódicos especializados, principalmente aqueles resultantes do projeto Contrabaixo para Compositores. Nas revistas da ISB, os textos dos contrabaixistas Bertram Turetzky e David Walter demonstram interesse e conhecimento em relação aos compositores, escrita idiomática e *performance* do contrabaixo. Por fim, na seção de anexos foi incluída a edição eletrônica do segundo movimento da *Sonata para Contrabaixo e Piano* (partitura e parte), extratos do manuscrito original, e a relação completa das obras de Andersen Viana, com os referidos anos de composição.

Antecedentes históricos das composições para contrabaixo

Contextualização

Entre os instrumentos da família das cordas, o contrabaixo foi o último a consolidar uma técnica que permitisse uma *performance* de alto nível. Esse atraso em relação aos demais instrumentos de cordas relaciona-se, em princípio, com a indefinição de suas proporções, seu tamanho e a ausência da padronização de dedilhados. Esse fato originou um repertório com uma escrita pouco idiomática, tanto nas obras sinfônicas quanto nas obras de câmara e solo. Segundo Brun (1989), no início do século XVIII, os professores de contrabaixo aconselhavam aos alunos a fixação de pontos de marfim na lateral do espelho do instrumento, facilitando, assim, a visualização das posições da mão esquerda e a melhora da afinação. Esse recurso auxiliava a articulação das notas nas regiões grave e média, porém, as notas agudas continuavam com problemas na precisão da afinação. Portanto, os compositores do século XVIII se limitavam à escrita nas tessituras grave e média para a parte do contrabaixo. O uso preferencial desses registros tinha relação, também, com a função harmônica do instrumento principalmente nas orquestras. Na cidade de Praga (capital da atual República Tcheca), por exemplo, no ano 1701, os compositores estabeleceram o padrão de registro do contrabaixo indo do Sol 1 até o Ré 3, apenas, de acordo com o que podemos ver abaixo no Exemplo 1 (Zamacois, 1979).

Exemplo 1

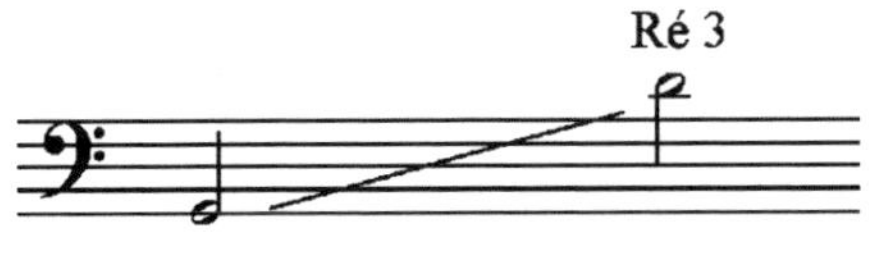

A ausência de bons contrabaixistas veio também a tornar-se um fator que colaborou com o atraso do desenvolvimento da técnica do contrabaixo. Ainda no século XVIII, as orquestras e os compositores conviviam com uma herança do século XVII, na qual o instrumentista não especializado tinha como obrigação tocar até três instrumentos diferentes. A falta de uma consolidação da técnica do contrabaixo o levou a se tornar frequentemente o terceiro nessa ordem de preferência do músico. Bonifácio Asioli (1769-1832), compositor e teórico italiano, atribui ainda a outras questões ao baixo rendimento dos contrabaixistas, como a ausência da publicação de um método, o fato do contrabaixo ser muito grande, sua subordinação hierárquica nas orquestras e a falta de visão dos professores, aconselhando aos estudantes menos talentosos que escolhessem o contrabaixo (Brun, 1989).

No começo do século XIX, alguns contrabaixistas e compositores sugeriram uma parte facilitada para o contrabaixo, desvinculando o dobramento de oitava com o violoncelo e o fagote, articulando apenas as notas com função harmônica importante. Num trecho com muitos ornamentos para as cordas graves, por exemplo, ele realizava apenas as notas de ritmo longo ou os tempos fortes de cada compasso. Na França, o compositor Hector Berlioz (1803-1869), a princípio, desaprovada estas partes facilitadas. Porém, ao notar as dificuldades dos instrumentistas em articular com clareza as passagens rápidas de uma sinfonia de L. V. Beethoven (1770-1827), pediu aos compositores para pensarem na composição da parte do instrumento como uma voz a mais e diferente do conjunto das cordas. Sugeria, também, não escrever partes carregadas com muitas notas, respeitando, assim, as possibilidades do contrabaixo (Brun, 1989).

Finalmente, ainda no século XIX, tornou-se mais frequente uma aproximação entre os compositores e contrabaixistas, na tentativa de cooperarem para superar essas limitações do contrabaixo. Essa interação os levou a concluir que um dos entraves para a articulação de passagens rápidas era o sistema de afinação do instrumento. Nessa época se experimentava a afinação em terças, em quartas e em quintas; no entanto, em quartas se exigiam menos mudanças de posição da mão esquerda. Quando a mão estivesse nas posições mais graves, facilitaria também o uso das cordas soltas (Brun, 1989).

Paralelamente a essas limitações, vivenciadas por contrabaixistas e compositores, surgia em Viena-Áustria, e em suas redondezas, uma escola de virtuosos. Essa escola, fruto de uma interação entre contrabaixistas e compositores vienenses do século XVIII, resultou numa grande quantidade de obras solo e de câmara, tais como concertos, sonatas, canções, quarteto, trios e duos (Brun, 1989). Algumas obras sinfônicas de W. A. Mozart (1756-1791) e J. Haydn (1732-1809) também tiveram influência dessa escola, e contam com algumas passagens mais idiomáticas para o contrabaixo em relação às peças escritas pelos demais compositores de outras regiões da Europa.

Na verdade, o instrumento usado pelos austríacos não era o contrabaixo da família dos violinos. Nessa época, eles adotavam um instrumento da família das violas da gamba, conhecido por diversos nomes, tais como *violone, violone vienense* ou *terzviolon*. Esse instrumento possui cinco cordas com a afinação F-A-D-F#-A, mantendo uma relação de terças e quartas entre elas, gerando a denominação de afinação solo vienense, ou afinação terça-quarta. Com essa afinação, ao estender a mão esquerda com o polegar fixo no primeiro harmônico da corda, torna-se possível a realização rápida de arpejos e escalas na região aguda, e numa mesma posição (Brun, 1989).

Essa tendência do contrabaixo se tornar um instrumento solo – similarmente ao violino e ao violoncelo – fez desses músicos os precursores de algumas técnicas adotadas até hoje. Constituem as três principais: o uso do *capotasto* (uso do polegar para apertar a corda sobre o espelho, na região aguda) na região mediana do espelho para articulação das notas agudas; uso de cordas mais finas para projetar os harmônicos agudos; e a técnica de movimento do braço direito para mudança de cordas. Essa última aprimorou-se devido ao fato do instrumento possuir cinco cordas e ter pouca curvatura no cavalete e no espelho, demandando uma agilidade do arco para as mudanças de cordas. Houve, ainda, um aprimoramento referente à construção de sua parte física. Com base em alguns *violones vienenses* – fabricados com os "ombros caídos" para o instrumentista alcançar com maior facilidade a região aguda do espelho –, muitos contrabaixos foram fabricados da mesma maneira, diferentemente do modelo de ombros suspensos, semelhantes aos violinos e violoncelos (Brun, 1989).

Consequentemente, as orquestras austríacas passaram a usar também o *violone vienense*. Para essa função – assim como no repertório solo –, os instrumentistas adotaram trastes feitos de tiras de marfim e cravados no espelho, separando cada semitom. Esse recurso gerou polêmicas, porque, de um lado, assegurava a difícil afinação das notas graves, mas, por outro, provocava muitos ruídos ao se apertarem as cordas contra os trastes (Brun, 1989).

Temos como principais compositores vienenses para *violone* dessa época: Johann-Mattias Sperger (1750-1812), Karl Ditters von Dittersdorf (1739-1799), Wenzel Pichl (1741-1805), Johann Baptist Vanhal (1739-1813), W. A. Mozart e J. Haydn. Alguns desses compositores – como o caso de Sperger – também trabalhavam como contrabaixistas. Entre os músicos de *violone* se destacavam alguns virtuosos, como Joseph Kampfer, J. B. Masser, J. Mann, I. Woschitka e F. Pischelberger, este último, um dos mais conhecidos em seu tempo. J. Haydn, também austríaco, compôs um concerto para *violone* dedicado a Pischelberger, porém, a partitura desapareceu. Escreveu também passagens solo de *violone* – hoje tocadas pelo contrabaixo – nas sinfonias 6, 7, 8, 31 e 72; no *Divertimento (Hob II)* e na *Sinfonia do Adeus*. Semelhantemente, W. A. Mozart compôs para este *violone*. Sua peça *Per Questa Bella Mano*, escrita em março de 1791 para *violone* e baixo, foi estreada por Pischelberger e pelo cantor Frantz Xavier Gerl (Brun, 1989).

A maioria dos *violones vienenses* foi fabricada entre 1729 e 1830. A partir de 1830, essa escola vienense começou a entrar em decadência devido às limitações inerentes ao instrumento. O uso da quinta corda para facilitar as passagens rápidas, dava versatilidade ao instrumento apenas em poucas tonalidades, dificultando a escrita para música de câmara. Por exemplo, em uma obra para *violone* e instrumento de sopro (este afinado em Mi bemol), o *violone* tinha sua afinação alterada em meio tom acima; consequentemente, o contrabaixista lia e tocava em Ré maior. A textura das cordas tornou-se outro limite. Fabricadas com intestino de ovelhas, resultava em pouca sonoridade. Tal limitação atingia principalmente a quinta corda, a mais fina para um instrumento com grande caixa acústica. Por fim, o barulho das cordas junto aos trastes e espelho incomodava os regentes nas orquestras, desestimulando os compositores a escreverem para o *violone* (Brun, 1989).

Nos primeiros anos do século XIX, o contrabaixista italiano Domenico Dragonetti (1763-1846), um virtuoso do contrabaixo solo de três cordas, realizou alguns concertos em Viena. Ele causou forte impressão aos austríacos, acelerando, dessa maneira, a rejeição pelo *violone*. Dragonetti, nos poucos encontros que teve com Beethoven, o auxiliou com informações a respeito da linguagem do contrabaixo. O resultado idiomático do contrabaixo em algumas de suas sinfonias motivou os austríacos a trocarem o *violone* pelo contrabaixo de três, e até mesmo, quatro cordas nas orquestras de ópera. Em 1840, outro italiano, Giovanni Bottesini (1921-1889), realizou concertos em Viena através de um instrumento, também de três cordas. Ele segurava o arco como os violoncelistas, com a palma da mão para baixo, ao contrário da técnica do *violone*, com a palma para cima. Esse novo tipo de técnica de arco – conhecido como arco francês – foi imitado em um dos últimos testemunhos de concerto público do *violone*. O contrabaixista austríaco Johan Hindle realizou em Praga, no ano 1828, um recital de *violone vienense* usando o arco à moda francesa (Brun, 1989).

O estilo de compor, tocar e interpretar desses músicos austríacos tornou-se similar, por isso podemos falar na configuração de uma "escola", marcando profundamente a história do contrabaixo. Os fatos ocorridos com o contrabaixo e o *violone* na Áustria no século XVIII, aparentemente como fenômenos isolados, influenciaram a linguagem, a escrita e a fabricação do instrumento nas futuras gerações em todo o mundo.

Com o fim da escola vienense do *violone*, não apareceu no século XIX, uma nova escola ou tendência para o contrabaixo solo na Europa. Os virtuosos eram casos isolados, e os restantes novamente desconsiderados como bons instrumentistas. O contrabaixo foi desconsiderado novamente, ganhando rótulos cômicos principalmente na Inglaterra, e os compositores se limitavam a escrever apenas as partes de orquestra. Essas, sim, já independentes da voz do violoncelo, tornaram-se mais idiomáticas. No entanto, alguns trechos das sinfonias de Beethoven, como o começo do *Scherzo* da *Quinta Sinfonia*, por exemplo, eram desconsiderados pelo regente François Habeneck, do Conservatório de Paris. Ele chegava a proibir que os contrabaixistas tocassem. Há relatos da requisição de doze ensaios, por parte de Richard Wagner (1813-1883), para que os contrabaixistas se apresentassem bem no *Recitativo* da *Nona Sinfonia* de Beethoven (Brun, 1989).

Por outro lado, no final do século XIX, o contrabaixo começou a ganhar recursos técnicos em sua fabricação e na maneira de ser tocado. Uma moderna escola surgia com a consolidação do instrumento de quatro cordas e sua afinação em quartas (G-D-A-E). As publicações de tratados e métodos também começavam a aparecer nas escolas e conservatórios de toda a Europa (Brun, 1989).

No século XX, logo após a Segunda Guerra Mundial, o contrabaixo se afirmou definitivamente como instrumento solo. As primeiras obras desse renascimento foram a *Sonata para Contrabaixo e Piano* de Paul Hindemith (1885-1963) e o *Quarteto para Contrabaixos* de Gunther Schuller (1925), compostas, respectivamente, em 1949 e 1947. Mas foi o contrabaixista e compositor norte-americano Bertram Turetzky (1933) um dos pioneiros com relação à nova linguagem do contrabaixo. Turetzky tornou-se um dos maiores incentivadores da relação compositor/contrabaixista, com a finalidade de que, juntos, pudessem elaborar obras mais idiomáticas. Consequentemente, com uma sólida "escola", esse renascimento de obras solo para contrabaixo, bem como de um vasto repertório de transcrições, fez surgir uma nova geração de virtuosos. O norte-americano Gary Karr (1941) e o austríaco Ludwig Streicher (1920) simbolizam essa geração (Brun, 1989). Esses e diversos outros têm gravado frequentemente todo o repertório solo, do período clássico ao pós-moderno. No conjunto dessas gravações aparecem novas versões, ou interpretações, das poucas obras originais e muitas transcrições de peças românticas.

Conjuntamente às atividades de *performance* e composição, os contrabaixistas dedicam-se à criação de institutos e sociedades, como o International Institute for String Bass, fundado por Gary Karr em 1967, e a International Society of Bassists, também pelo mesmo contrabaixista, juntamente com Barry Green e Lucas Drew, ambas com sede nos Estados Unidos. Esta última publica uma revista trimestral – hoje com o nome de *Bass World* – que tem como objetivos a publicação de artigos de contrabaixistas, compositores, regentes e *luthiers*, e fornecer informações sobre equipamentos para contrabaixo (Brun, 1989). As informações contidas nessa e em outras revistas especializadas são fontes documentais para os compositores conhecerem a respeito do contrabaixo, incentivando-os a escreverem obras com uma linguagem mais própria para o instrumento.

Essas sociedades e institutos também organizam cursos, festivais e concursos de instrumentistas e compositores por todo o mundo. Nesses eventos há abertura para o repertório de orquestra, para o contrabaixo elétrico, jazz e outros gêneros populares ligados ao contrabaixo. Nessas ocasiões já foram revelados vários jovens instrumentistas talentosos. O aparecimento desses jovens é fruto do incentivo no ensino do contrabaixo às crianças. O uso de mini-instrumentos auxilia a aplicação dos métodos *Rolland* na Inglaterra e *Suzuki* nos Estados Unidos. A França e a Escandinávia também se tornaram países com dedicação à pesquisa de uma pedagogia do contrabaixo para crianças (Brun, 1989).

A interação compositor/contrabaixista

No contexto da evolução do contrabaixo no século XX, devemos destacar um importante aspecto, como a participação dos contrabaixistas junto aos compositores com o objetivo de auxiliá-los a escrever de maneira mais idiomática para o contrabaixo. Esse tipo de colaboração começou a se evidenciar, ainda de maneira pontual, no século XVIII com a Escola Clássica Vienense. No início do século XIX, como já foi dito, Domenico Dragonetti influenciou Beethoven na escrita da parte do instrumento em algumas de suas sinfonias, como a *Quinta Sinfonia* (1808) e a *Nona Sinfonia* (1824). Apesar do dobramento em oitavas com a voz do violoncelo, essas obras ganharam qualidade idiomática, principalmente no *Scherzo* da *Quinta Sinfonia* e no *Recitativo* da *Nona Sinfonia*. Giovanni Bottesini, outro citado, colaborava com *Giuseppe* Verdi (1813-1901) na elaboração da parte do contrabaixo em suas óperas, como nos *soli* das óperas *Aída* e *Otelo*. Bottesini, também compositor, acabou por se destacar como quem mais escreveu para contrabaixo solo no século XIX (Borém, 1995).

Apesar de tímidas atitudes no século XIX, outros compositores, sem a ajuda direta de um contrabaixista, começavam a se preocupar com a parte do contrabaixo nas obras sinfônicas. Berlioz, na *Sinfonia Fantástica* (1830), escreveu partes bastante diferenciadas do violoncelo. No final do século XIX, Gustav Mahler (1860-1911) escreveu um solo no segundo movimento da *Primeira Sinfonia* composta no ano 1888 (Borém, 1995).

A escrita idiomática para a música sinfônica acabou repercutindo na música de câmara do século XIX. Apesar de quase imitarem a linguagem sinfônica na de câmara, podemos considerar representativos do repertório: o *Septeto* (1800) de Beethoven; o quinteto *A Truta* (1819) e o *Octeto* (1824) de Franz Schubert (1797-1828); e o *Quinteto para Cordas* (1893) de Anton Dvorák (1841-1904) (Borém, 1995).

No início do século XX, com a evolução da escola do contrabaixo, mais compositores se interessaram pelo instrumento, como Sergei Prokofiev (1891-1953), compondo um solo na obra *Lieutenant Kijé* (1933). A participação do contrabaixo tornou-se importante também na música de câmara com a *História do Soldado* (1918) e *Ragtime* (1920) de Igor Stravinsky (1882-1971), e *Octandre* (1923) de Edgar Varése (1883-1965) (Borém, 1995). Apesar dessas iniciativas isoladas, muitas composições e transcrições no começo do século XX eram "concebidas como se fosse para violoncelo uma oitava abaixo e mais lentas", como observa o contrabaixista Bertram Turetzky (Borém, 1998). Ainda assim, a interação compositor/contrabaixista tornou-se mais constante nas elaborações de obras solo do século XX, demonstrando uma real preocupação com a participação e a linguagem do instrumento por parte dos compositores. Podemos destacar alguns exemplos desse processo colaborativo na elaboração de obras para o instrumento, tais como:

- do contrabaixista e compositor russo – naturalizado norte-americano – S. Koussevitzky (1874-1951) com o compositor russo Reinhold Gliére (1875-1956) nas peças *Praeludium, Scherzo Intermezzo e Tarantella;*
- do contrabaixista italiano – naturalizado norte-americano – Gian Carlo Menotti (1911) e o contrabaixista norte-americano J. van Demark no *Concerto para Contrabaixo*;
- do contrabaixista norte-americano Bertram Turetzky (1933) com o compositor norte-americano Vincent Persichetti (1915-1987) na obra *Parable XVII*, para contrabaixo solo;
- do contrabaixista italiano F. Petrachi (1937) com o compositor italiano Nino Rota (1911-1979) no *Divertimento Concertante;*
- do contrabaixista norte-americano Gary Karr (1941) com o compositor alemão Hans Werner Henze (1926) no *Concerto para Contrabaixo;*
- do contrabaixista norte-americano Gary Karr com o compositor norte-americano Gunter Schuller (1925) no *Concerto para Contrabaixo*;
- do contrabaixista inglês Duncan McTier com o compositor inglês Peter Maxwell Davis (1934) no *Strathclyde Concerto* (Borém, 1995).

Destaca-se, desta lista, o norte-americano Bertram Turetzky, considerado um pioneiro no processo de interação entre contrabaixistas e compositores. Desde 1950, quando estudava na Hartt School of Music, em Hartford (EUA), se interessava em procurar estudantes de composição que pudessem escrever para contrabaixo. A partir de 1959, vários compositores escreveram a seu pedido. As peças dedicadas a ele por Whittenberg, Donald Erb e Barney Childs tiveram sua colaboração. A maior parte das obras escritas com a colaboração de Turetzky teve como base as técnicas e os efeitos desenvolvidos nas *performances*. A atitude de procurar quem escreva para esse instrumento continua, até hoje, fazendo parte de sua vida profissional (Brun, 1989).

Em muitos casos, os contrabaixistas tornaram-se também compositores. Como exemplo dessa versatilidade, temos Sperger, Dragonetti, Bottesini e Koussevitsky, este último, um marco na história do contrabaixo no final do século XIX e começo do século XX. Suas obras possuem uma linguagem romântica, com destaque para o *Concerto para Contrabaixo e Orquestra* (1905) – que contou com a colaboração do compositor Reinhold Gliére na sua orquestração –, a *Canção Triste* e a *Valsa Miniatura*, as duas últimas com acompanhamento de piano (Brun, 1989). Depois dele, diversos outros seguiram esta mesma linha versátil. O fato de instrumentistas tornarem-se também compositores – ou o contrário – deve-se, fundamentalmente, à crença de terem a capacidade, ou a possibilidade, de escreverem obras mais idiomáticas em relação aos demais compositores. Esse interesse e vontade de criar uma linguagem apropriada ao contrabaixo surgiu juntamente com o aperfeiçoamento dos métodos, escolas, equipamentos e, consequentemente, do nível das *performances* alcançado no século XX.

Seguindo essa linha, temos também o contrabaixista/compositor norte-americano Frank Proto. Podemos destacar duas peças de Proto: o *Trio para Violino, Viola e*

Contrabaixo (1974), na qual o compositor usa diversas linguagens, como o dodecafonismo, o jazz, o rock e a música de concerto, e a peça *Nebula*, para contrabaixo, piano e tape (1975), na qual convivem o "balanço" do blues, lirismo e passagens de virtuosidade. O multiesteticismo, uma das características mais interessantes da música do século XX, tornou-se marca registrada de Proto (Turetsky, 1981).

John Voight destaca-se como o terceiro caso de versatilidade. Contrabaixista e compositor da Berklee School of Music, em Boston (EUA), segue uma linha de composição baseada em Charles Ives (1874-1954) e Henry Dreyfuss *Brant (*1913), compositores da vanguarda norte-americana. Em um artigo da revista *International Society of Bassists*, Bertram Turetzky destaca cinco obras de Voight. A primeira, composta para contrabaixo e rádio AM, denomina-se *Stardust*. Essa obra mescla teatro e música, com bases nos conceitos da *performance art* de John Cage (1912-1992). Segundo o próprio autor, a peça se caracteriza como um "melodrama dadaísta". A segunda, escrita para contrabaixo solo, tem o título de *Seeking Favour and Love I*, e a terceira, *Seeking Favour and Love II*, para contrabaixo e fita pré-gravada. Essas duas possuem basicamente o mesmo material temático. *Seeking Favour and Love I* é uma pequena sonata, na qual Voight utiliza o jazz de maneira estilizada através da bitonalidade. No instrumento, o compositor explora os harmônicos, o colorido dos *vibrati* e a articulação de notas com apenas a mão esquerda, sem a utilização do arco. *Seeking Favour and Love II*, apesar de tonal, utiliza elementos de vanguarda, como a fita pré-gravada. No contrabaixo, explora os *pizzicati* com as unhas, os harmônicos, *glissandi* ascendentes imitando o som de gaivotas e o martelar dos dedos da mão esquerda nas cordas, simultaneamente a articulação do arco numa corda solta *Sul Ponticello*. Temos *Finally One Day* como a quarta obra destacada por Turetzky. Escrita para soprano, xilofone e contrabaixo, esse trio sonata mescla lirismo e dramaticidade. O contrabaixo – mantendo o mesmo registro usado na orquestra – realiza uma combinação de timbres com o xilofone e a tessitura grave da voz da cantora. A quinta e última é *Bingo: a Game of Change*. Com humor, Voight tentou correlacionar as técnicas e rituais do jogo com as técnicas e estereótipos de tocar contrabaixo. Nessa peça podemos encontrar uma relação com o método de John Cage baseado no *I-Ching*, com a música estocástica de Iánnis Xenákis (1922) e com a corrente pós-schoenberguiana.

Ainda nessa linha, fora dos Estados Unidos apareceram outros casos. Podemos citar: Barry Guy na Inglaterra; Jöelle Léandre, Philippe Drogoz e François Rabbath na França; Paul Breuer e Erich Hartmann na Alemanha; Fernando Grillo na Itália e Teppo Hauta-aho na Finlândia (Brun, 1989).

Há um compositor merecedor de destaque por seu entusiasmo pelo contrabaixo. O norte-americano Paul Ramsier, que normalmente tem Gary Karr como colaborador, tem um interesse especial por esse instrumento. Diz ele: "O contrabaixo tem uma única e especial sonoridade. Suas possibilidades são surpreendentes". Em 1983 ganhou um prêmio de composição da University of Louisville (EUA) com cinco obras: *Divertimento Concertante on a Theme of Couperin* (1965), para contrabaixo e orquestra; *Road to Hamelin* (1978), para contrabaixo, narrador e orquestra; *Eusebius Revisited* (1980), para contrabaixo, piano e cordas; *Low Note Blues* (1983), para contrabaixo, cordas (ou piano) e narrador; *Silent Movie* (1983), para contrabaixo, harpa e cordas.

Nessas obras, Ramsier explora os vários registros e timbres através de uma estética neorromântica (ISB, 1983).

Mais uma vez nos Estados Unidos, destaca-se outro compositor que interage com contrabaixistas para elaboração de suas obras. Lewis Nielson (1950), chefe da área de teoria e composição musical da Escola de Música da University of Georgia e professor do Oberlin Conservatory of Music, possui três composições para o contrabaixo: *Formal Persuasion* (1975), para contrabaixo e percussão; *Interference* (1985), para quarteto de contrabaixos, e *Duo Concertant: Danger Man* (2000), para contrabaixo e bateria. Nas primeiras duas peças Nielson teve a colaboração indireta de contrabaixistas, nas quais utilizou apenas as regiões grave e média do instrumento, apesar de explorar as possibilidades tímbricas, o uso de cordas soltas, os harmônicos naturais e os diversos tipos de *pizzicati.* A terceira, *Danger Man*, é uma obra com "Possível conteúdo programático [...] sugerindo no texto introdutório do compositor uma relação de aproximação e afastamento, em que há uma gradual integração e posterior desintegração entre os instrumentistas" (Borém, 2000). Nessa obra, se comparada às anteriores, observa-se uma evolução no trato com a linguagem do contrabaixo, principalmente através da ampliação do registro (chegando até a região aguda e superaguda dos harmônicos naturais), onde se inclui uma espécie de polifonia a duas vozes. Mesmo com tais exigências, a obra tornou-se idiomática e cômoda para o contrabaixista, fruto da colaboração direta do contrabaixista brasileiro Fausto Borém. Essa interação compositor/contrabaixista pode ocorrer também de maneira indireta, como o caso do compositor argentino Alberto Ginastera (1916-1983). Em uma entrevista com o contrabaixista David Walter, Ginastera revelou ter conhecimento de algumas passagens solo, como na ópera *Otelo* de G. Verdi. Ele considerava essa passagem a mais representativa da obra para "expressar uma paixão", tornando-se mais expressiva quando tocada por um contrabaixo apenas, em vez de todo o naipe. O compositor argentino adquiriu essa opinião após constatar a atual capacidade técnica e musical dos novos contrabaixistas para lidar com o solo, levando-o a se interessar, em especial, pelo timbre dos harmônicos *(flageolet).* Segundo Ginastera, os harmônicos do contrabaixo, "mais transparentes e puros", diferenciam-se dos harmônicos "agressivos do violino". A partir desta constatação, escreveu a peça *Variaciones*, para contrabaixo e harpa. Escrita incialmente para violoncelo, ele a refez para contrabaixo pelo fato de combinar melhor com a harpa, principalmente por causa da constância da sonoridade dos harmônicos (Walter, 1979).

Embora a colaboração de um instrumentista junto a um compositor tenha se tornado comum em outras áreas – como os outros instrumentos de cordas, sopros, violão, harpa, etc. –, no caso do contrabaixo passou a ser um trabalho fundamental para recuperar, pelo menos, dois séculos de hiato na composição de obras solo, visto que o repertório solo de contrabaixo dos séculos XVII e XVIII – à exceção das obras para *violone* da Escola Clássica Vienense – é feito basicamente de transcrições. Esse processo colaborativo (intérprete/compositor), fundamental para o enriquecimento do repertório, originou novas interações entre contrabaixistas e compositores por várias partes do mundo. No Brasil, essa interação começou a surgir, de maneira bem isolada, no final do século XIX e começo do século XX.

A interação compositor/contrabaixista no Brasil

No Brasil, data do final do século XIX a primeira obra para contrabaixo solista com a suposta participação de um contrabaixista junto ao compositor. No ano 1989, Leopoldo Miguez (1850-1902) escreveu o *Concerto para Contrabaixo e Piano* dedicado a Alfredo de Aquino Monteiro, contrabaixista do antigo Instituto Nacional de Música do Rio de Janeiro (atual Escola de Música da UFRJ). *Canção e Dança* de Radamés Gnatalli[2] (1906-1988), outra obra solo pioneira, já reflete uma colaboração mais efetiva de um contrabaixista no processo composicional. Escrita em 1934, teve o auxílio de Antonio Leopardi, substituto de Monteiro no Instituto Nacional de Música (Arzolla, 1996).[3] Nessa obra, Gnatalli conseguiu um resultado altamente idiomático ao explorar os harmônicos naturais, o uso das três primeiras cordas – uma referência ao contrabaixo italiano solista – e a afinação solo.[4] Essas escolhas refletem a presença de Leopardi, seguidor da escola italiana de G. Bottesini.

Depois da obra de Gnatalli,[5] houve uma lacuna de aproximadamente trinta anos na composição de repertório para contrabaixo solo no Brasil. Somente em 1969 o compositor

[2] **Radamés Gnatalli** (1906-1988) era gaúcho de nascimento. Estudou com Guilherme Fontainha no Conservatório de Porto Alegre e na Escola Nacional de Música com Agnelo França. Terminou o curso de piano em 1924 e fez concertos em várias capitais brasileiras, viajando também como violista do Quarteto Oswald Desde então passou a estudar composição e orquestração. Em 1939 substituiu Pixinguinha como arranjador da gravadora Victor. Durante trinta anos trabalhou como arranjador na Rádio Nacional. Foi o autor da parte orquestral de gravações célebres como a do cantor Orlando Silva para a música Carinhoso, de Pixinguinha e João de Barro, e ainda da famosa gravação original de Aquarela do Brasil (Ary Barroso) e de Copacabana (João de Barro e Alberto Ribeiro) – esta última imortalizada na voz de Dick Farney. Foi contemporâneo de compositores como Ernesto Nazareth, Chiquinha Gonzaga, Anacleto de Medeiros e Pixinguinha. Também compôs obras importantes para o violão, orquestra, concerto para piano e uma variedade de choros. Foi parceiro de Tom Jobim. Faziam parte do seu círculo de amizades Tom Jobim, Cartola, Heitor Villa-Lobos, Pixinguinha, Donga, João da Baiana, Francisco Mignone, Lorenzo Fernandez e Camargo Guarnieri. É autor do hino do Estado de Mato Grosso do Sul – esta peça foi escolhida em concurso público nacional. Em janeiro de 1983 recebeu o Prêmio Shell na categoria de música erudita.

[3] A obra de Miguez foi catalogada porque encontraram apenas parte do manuscrito do contrabaixo, não possibilitando uma edição completa com o piano. Como a obra de Gnatalli tem sua partitura completamente editada com a parte dos dois instrumentos, esta é considerada, na verdade, a primeira obra brasileira para contrabaixo solo.

[4] A afinação para contrabaixo solo (A-E-B-F#) é feita com cordas especiais, em um tom acima da afinação tradicional (G-D-A-E) utilizada na orquestra.

[5] No ano 1984 o compositor Andersen Viana recebeu sua primeira premiação no I Concurso Nacional de Composição para Instrumentos de Sopro (Coomusa) no Rio de Janeiro. Um dos jurados era o compositor Radamés Gnatalli, com quem Viana teve algumas lições particulares de composição,

paulista Mário Ficarelli (1937-2014) escreveu *Dois Estudos para Dois Contrabaixos*. Com linguagem dodecafônica (Ray, 1998), teve a cooperação do contrabaixista húngaro naturalizado brasileiro Sándor Molnár (1933-1998) (Borém, 1995). No começo da década de setenta, o compositor pernambucano Marlos Nobre de Almeida (1939) transcreveu sua obra *Desafio* (1973), originalmente escrita para piano e orquestra de cordas, para contrabaixo e orquestra de cordas. Mais tarde, o contrabaixista paulista Henrique Autran Dourado (1953) realizou uma versão para contrabaixo e piano. Esta obra possui trechos tonais, modais e atonais, com uma linguagem romântica e citações de temas nordestinos. Outro compositor, Eduardo Escalante (1937), escreveu no começo da década de 1970 duas obras para contrabaixo e percussão. Tanto em *Invenção nº 1* (1973) quanto em *Acalanto* (1974), Escalante tratou o instrumento de maneira idiomática, mesmo nos *pizzicati* da região grave (Ray, 1998). O compositor Andersen Viana (1962) escreveu, no final da década de 1970, uma obra para flauta e contrabaixo intitulada *Duo "Inseto"* e que consta apenas em sua lista de obras, pois a partitura foi perdida. Trata-se de uma das primeiras obras escritas pelo compositor, ainda em sua fase experimental como estudante. A única informação que temos sobre esta obra é que ela é oriunda da tradição tonal ocidental.

A partir da década de 1970, um compositor começou a se destacar no cenário nacional. O alemão – naturalizado brasileiro – Ernest Mahle (1929) escreveu algumas obras importantes para o repertório brasileiro, contando com a colaboração direta do violoncelista Calixto Corazza e do contrabaixista Sándor Molnár. Tais instrumentistas lecionavam na Escola de Música de Piracicaba (SP), fundada por Mahle e J. H. Koellreutter (1915-2005) (Arzolla, 1996). Apesar de Mahle ter estudado um pouco de contrabaixo, a relação mais próxima com os dois instrumentistas o levou a desenvolver uma escrita bastante eficiente. Das obras dessa década, algumas têm caráter didático, como *As Melodias da Cecília para Contrabaixo e Piano* (1972), e *60 Duos Fáceis para Contrabaixo* (sem data), esta última escrita para dois contrabaixos (Arzolla, 1996).[6] Outras têm caráter concertante, como a *Sonatina para Contrabaixo e Piano* (1975), e o *Concertino para Contrabaixo e Orquestra* (1978).[7] Nas obras dessa década, Mahle explorou a região grave, média e média-aguda do instrumento, utilizando a linguagem modal adaptada ao regionalismo brasileiro.

Mais adiante, nas décadas de 1980 e 1990, podemos observar uma nova concepção do contrabaixo e a colaboração de vários contrabaixistas em suas obras. Em *Duetos Modais* (1980), por exemplo, ele utiliza a região aguda e os harmônicos; no *Concerto*

antes de seu falecimento em 1988. Indagado sobre quanto iriam custar as aulas, o mestre gaúcho respondeu: "nada".

[6] *60 Duos Fáceis* foi escrito no começo da década de 1970, um pouco anterior às *Melodias da Cecília*.

[7] Nesta mesma década, o próprio compositor escreveu uma versão do *Concertino* para contrabaixo e piano.

para Contrabaixo e Orquestra (1990) explora novos timbres, virtuosismo e afinação solo (Arzolla, 1996), e no *Quarteto para Contrabaixos* (1994) conta com a colaboração de quatro contrabaixistas, Antônio Arzolla (1966), Sandrino Santoro (1938), Fausto Borém (1960) e Sándor Molnár (1933-1998) (Borém, 1995).

No final da década de 1970, destacam-se duas obras com colaboração de contrabaixistas. Na primeira, três peças para Contrabaixo Solo: *Reinvenção, Solilóquio, Conciliação* (1979) do compositor e violonista Pedro Cameron (1948), contou com a colaboração de Ana Valéria Poles, a quem Cameron dedicou a trilogia. Nessa obra solo, ele usa as linguagens cromática, microtonal e atonal; no contrabaixo explora as cordas duplas, harmônicos e *glissandi.*

Na segunda, *Dança Nordestina* (1979) *para Contrabaixo e Piano,* o violinista e compositor Santino Parpinelli (1912-1990) teve o auxílio do italiano naturalizado brasileiro Sandrino Santoro, a quem dedicou diversas obras. *Dança Nordestina* possui as síncopes características das danças brasileiras, linguagem *cantabile* e efeitos de *glissandi.* Parpinelli seguiu escrevendo para contrabaixo na década seguinte. Em 1985 compôs três peças com o auxílio do mesmo contrabaixista, Sandrino Santoro, dedicando-lhe todas essas obras. A primeira, *Jongo para Contrabaixo e Piano,* tem harmonia modal e citações afro-brasileiras. A segunda, *Modinha,* conta com linguagem modal e tonal, incorporando a forma ABA dessa canção brasileira. Na terceira, *Seresta* – também modal e tonal –, usa a mesma forma ABA (Ray, 1998).

Em 1981 o contrabaixista Henrique Autran Dourado escreveu o *Quartet for Two Double Basses.* Dourado a escreveu quando cursava em Boston (EUA), o bacharelado em contrabaixo e composição. Nessa peça, ele sugere efeitos da natureza através de harmônicos, *pizzicati,* cordas duplas e efeitos percussivos. Ainda na década de 1980, o contrabaixista Fausto Borém compôs duas obras para contrabaixo e piano: *O Colibri I* (1985) e *O Colibri II* (1986). Com harmonia atonal e pós-romântica, utiliza os recursos de *pizzicato* tradicional e de unha, *ricochet,* harmônicos em forma de acompanhamento, *glissandi* e *sprechstimme* (canto falado). Em outra obra, *Cânone Extensivo aos Contrabaixistas* (1993), Borém realizou um estudo para dois contrabaixos. Com harmonias dissonantes e sem foco tonal, tem por objetivo explorar as cordas soltas, harmônicos naturais e, principalmente, posições com extensão da mão esquerda, daí seu título (Ray, 1998). Cabe ainda lembrar mais dois casos: Sônia Ray (1963), com a obra *Ondas* (1994) *para Contrabaixo Solo* (Ray, 1998), e Ricardo Vasconcelos (1955) em parceria com a pianista Francisca Aquino (1956), com as obras *Gosto do Brasil* (1999), *Beira-Mar* (2000) e *Santa Teresa* (2000), todas para contrabaixo e piano.

Na metade dessa mesma década de 1980, apareceram mais três obras com a parceria compositor/contrabaixista. Na primeira, *Prelúdio, Recitativo e Dança* (1985), David Korenchendler (1948) contou com a colaboração de Sandrino Santoro (Borém, 1995). Nas três partes utilizou linguagem lírica com harmonia atonal, e no contrabaixo explorou as regiões média e aguda.

Na segunda, *Concerto para Contrabaixo e Orquestra* (1986), o compositor suíço naturalizado brasileiro, Ernst Widmer (1927-1990), teve a colaboração do contrabaixista italiano naturalizado brasileiro, Pino Onnis. O *Concerto* possui linguagem atonal e metáforas da música nordestina.

Na terceira, *Interação* (1985), o compositor Raul do Valle (1936) contou com a participação de Paulo Pugliesi (Borém, 1995). Raul do Valle trabalhou os recursos tímbricos do piano e do contrabaixo através dos *glissandi*, percussão no corpo do contrabaixo, distorção da afinação das cordas e *clusters* no piano (Ray, 1998).

Na década de noventa cresceram a quantidade e a qualidade de obras, independentemente da colaboração de contrabaixistas. Esse desenvolvimento ocorreu em função do crescente interesse pelo contrabaixo por parte de jovens compositores e instrumentistas. Com o aperfeiçoamento da "escola" do contrabaixo, revelaram-se talentosos instrumentistas, conferindo ao contrabaixo seu potencial como instrumento solista. Os compositores, por sua vez, ao identificarem esse potencial, passaram a se preocupar com a escrita sinfônica, de câmara e solo. Essa preocupação os levou a, cada vez mais, se aproximarem dos instrumentistas para obter informações com relação a técnica, recursos, *performance* e linguagem. Nesse sentido, a parceria compositor/contrabaixista tem aumentado consideravelmente no Brasil.

Em 1993, por exemplo, a contrabaixista Valerie Albright (1959) compôs a peça *Esquisitango para Piano e Contrabaixo*. Neste caso, a parceria se deu ao contrário, pois a instrumentista teve auxílio de um compositor para escrever uma obra. Com orientação do compositor Gilberto Mendes (1922), a contrabaixista compôs uma obra incidental com harmonia atonal, utilizando o contrabaixo de maneira percussiva e os clusters do piano (Ray, 1998).

Na metade dessa década, surgiu uma interessante obra para contrabaixo solo no Brasil. O compositor argentino, mas residente no Brasil de 1979 até 1996, Eduardo Bértola (1939-1996), escreveu a obra *Lucipherez* (1994) num período de quatro meses. Ainda na década de noventa, Roberto Victório (1959) compôs *Vattanan* (1996) *para Contrabaixo e Percussão*. Nesta obra, ele teve a colaboração de Valerie Albright e do percussionista John Boulder. Nas palavras do compositor, em *Vattannan* "[...] cada instrumento desenvolve sua parte alternando rítmica e melodicamente passagens numa procura contínua para a unificação das ideias apresentadas" (Ray, 1998).

Em São Paulo, o compositor Edmundo Villani-Côrtes (1930) escreveu nove obras para contrabaixo, a maioria dedicada à contrabaixista Gê, sua filha. Dessas nove, duas tiveram a colaboração de contrabaixistas. A primeira, *Raízes para Contrabaixo e Percussão* (1991), teve a participação de Sônia Ray e da percussionista Valéria Zeidan. Nas seções mais rítmicas de *Raízes*, o contrabaixo imita o som do berimbau através de cordas duplas, e nas seções líricas, aparecem diálogos entre o contrabaixo e o vibrafone. A segunda, *A Dança dos Quatro Mestres* para *Quatro Contrabaixos* (1996), teve o auxílio de Sandrino Santoro. Nessa obra, algumas danças brasileiras são estruturadas polifônica e homofonicamente, resultando, às vezes, como um conjunto de percussão (Ray, 1998).

O maestro, compositor e professor Ricardo Tacuchian (1939) tem criado obras específicas para o contrabaixo acústico e, também, para o contrabaixo elétrico – este último mais utilizado na música popular e na música comercial (*mainstream*). Para contrabaixo acústico solo escreveu a obra *Noz Moscada* (Nutmeg).[8] Composta no Rio de Janeiro em 2004, esta obra tem a duração de sete minutos e trinta segundos, tendo sido dedicada à contrabaixista Larissa Contrim, com estreia no mesmo ano por esta musicista, na Sala Villa-Lobos-Unirio na cidade do Rio de Janeiro. Na música de câmara onde o contrabaixo se insere como uma fonte sonora expressiva, Tacuchian escreveu a obra *Light and Shadows*[9] para vibrafone, percussão, harpa, clarineta baixo e contrabaixo acústico.

Light and Shadows tem duração de quatorze minutos e foi composta na cidade de Los Angeles (EUA) em 1988, tendo sido dedicada à Vasco Mariz.[10] Foi estreada em 1989 pelo USC Ensemble, sob a direção do compositor, nesta mesma cidade no USC Hancok Auditorium.

Tacuchian escreveu outras duas obras em que o contrabaixo elétrico se insere como elemento importante: *Rio/L.A.* e o *Quarteto Informal. Rio/L.A*[11] foi composta em 1988

---

[8] A série Especiarias, coleção de obras com nomes de temperos, foi composta para diferentes instrumentos solos, com um grau médio de virtuosismo, todas construídas sobre o Sistema T, uma ferramenta de controle de alturas criada pelo compositor na década de 1990.

[9] *Luz e Sombras*. A peça é uma tentativa de representar musicalmente grandezas visuais de luzes e sombras. A expressão musical de elementos plásticos já tinha sido objeto do compositor em composições anteriores. Foi dividida em diferentes seções que mostram respectivamente um específico gesto musical com uma particular atmosfera timbrística. Uma única ideia melódica, apresentada pela clarineta baixo, abre e conclui a peça. Na parte central, a mesma ideia aparece, mas com seus diferentes motivos distribuídos por cada instrumento melódico do conjunto.

[10] **Vasco Mariz** (1921) é historiador, musicólogo, escritor e diplomata brasileiro. Recebeu sua formação musical no Conservatório Brasileiro de Música e graduou-se em Direito pela Universidade do Brasil (1943) e dois anos depois iniciou sua carreira diplomática. Concluindo um curso de aperfeiçoamento em História Diplomática em 1947, logo foi indicado vice-cônsul no Porto, Portugal, servindo depois em diversas funções e cargos em Rosário, Nápoles, Washington, Nova Iorque, Roma, até alcançar o posto de ministro em 1967, promovido por merecimento, e embaixador em 1971, designado para representar o Brasil no Equador e sucessivamente em Israel, Peru e Alemanha Oriental, aposentando-se em 1987. Em sua carreira como diplomata antes de ser embaixador desempenhou o papel de delegado brasileiro junto a vários organismos internacionais de importância, como ONU, FAO, OEA, GATT, UNESCO. Em diversas ocasiões tais representações tinham claros propósitos culturais, desenvolvendo-se na área de história, folclore, arte e música. Foi chefe do Departamento Cultural do Itamaraty. Sua atuação na área da cultura é intensa; desde a publicação em 1948 do livro *Figuras da música brasileira contemporânea*, não cessou de dar importantes contribuições no campo da musicologia. É sócio emérito do Instituto Histórico e Geográfico Brasileiro, do PEN CLUB do Brasil e da Academia Brasileira de Música (cadeira 40, presidente em 1991), membro do Conselho Técnico da Confederação Nacional do Comércio e outras instituições nacionais e estrangeiras como o Conselho Interamericano de Música (ex-presidente).

[11] Essa obra cria a atmosfera de duas metrópoles com qualidades e problemas em comum: Rio de Janeiro, cidade natal do compositor, e Los Angeles, cidade onde o compositor morou por três anos. É uma das primeiras experiências plenas do pós-modernismo na música brasileira.

na cidade de Los Angeles (EUA), tendo sido escrita especificamente para corne inglês, trompete, trompa, trombone, tuba, dois percussionistas, piano e contrabaixo elétrico. Foi estreada em 1989 pelo USC Essemble sob a regência do compositor, nesta mesma cidade no Hancock Auditorium.

A outra obra em que este compositor inclui o contrabaixo elétrico é o *Quarteto Informal*. Escrita em 2004, tem em sua instrumentação a flauta, o trombone, o piano e o contrabaixo elétrico. Esta obra foi estreada nesse mesmo ano pelo Grupo de Música Contemporânea da UNIRIO, sob a direção musical de Marcos Lucas, com Maria Carolina (flauta), Ricardo Agassis (trombone), João Gabriel Oliveira (piano) e Felipe Zenicola (contrabaixo elétrico) na Sala Villa-Lobos-UNIRIO, Rio de Janeiro. Foi composta a pedido dos grupos Ex-Machina, de Porto Alegre, e Interpresen, de Montevidéu que, em conjunto, apresentaram a obra nesse mesmo ano em suas respectivas cidades. Escrita no Sistema-T, a obra explora uma sonoridade urbana, com pequenas interrupções para solos com caráter improvisatório.

A interação compositor/contrabaixista continua a acontecer no Brasil, embora nem sempre seja oficializada ou registrada. Nas quatro últimas décadas, isso provavelmente aconteceu com mais regularidade. No entanto, três eventos certamente se destacaram por incentivar essa colaboração: o I Concurso Nacional de Composição para Contrabaixo (São Paulo, 1992), o II Concurso Nacional de Composição para Contrabaixo (Belo Horizonte, 1996) e o III Concurso Nacional de Composição para Contrabaixo (Goiânia, 2000). O projeto Contrabaixo para Compositores, existente na Universidade Federal de Minas Gerais (UFMG) desde o ano 1994, coordenado por Fausto Borém, objetiva incentivar a colaboração entre instrumentistas e compositores para a formação de um repertório mais idiomático para o contrabaixo. Entre as obras relacionadas com este projeto, destacam-se:

- *Sonata para Contrabaixo e Piano* (1996), de Andersen Viana (1962), vencedora do primeiro lugar no II Concurso Nacional de Composição para Contrabaixo (UFMG-ABC), e objeto do presente estudo.
- *Lucipherez*, de Eduardo Bértola (1994, UFMG).
- *Cantos a Ho*, de Eduardo Bértola (1994, UFMG).
- *Quarteto de Contrabaixos*, de Ernst Mahle (1995, Escola de Música de Piracicaba).
- *Jangada de Iemanjá*, de Ernst Mahle (1996, Escola de Música de Piracicaba).
- *Ordo*, de Antônio Celso Ribeiro (1994, UFMG).
- *Memórias de um matuto embriagado*, de Antônio Celso Ribeiro (1996, UFMG).
- *Tributo a Tom Jobim*, de Hermínio de Almeida (1996, UFMG).
- *Danger Man*, de Lewis Nielson (2000, University of Georgia, EUA).
- *Prelúdio para Contrabaixo Solo* Op. 14 nº 4, de André Dolabella (2000, UFMG).
- *Quinteto de Cordas*, de Luiz Otávio Campos (2000, UFMG).
- *Didática de uma Invenção*, de Fausto Borém (2000, UFMG).

O compositor Andersen Viana

Biografia

Andersen Viana nasceu em uma família de músicos e artistas na cidade de Belo Horizonte, Minas Gerais, em 23 de abril de 1962. Seu pai, o maestro Sebastião Vianna,[12] instrumentista polivalente – flauta, acordeão e piano –, trabalhou como pedagogo, dirigente, regente e professor de flauta no Conservatório Mineiro de Música – atual Escola de Música da UFMG. Sebastião Vianna residiu na cidade do Rio de Janeiro na década de 1940, quando então foi convidado a trabalhar como assistente e revisor de Heitor Villa-Lobos (1887-1959) pelo próprio compositor, entre os anos 1945 e 1950. Nesse trabalho, Sebastião revisava as partituras do mestre carioca, entre as quais os *Choros* e as *Bachianas Brasileiras*, obras que se perpetuaram na história da música ocidental pelo valor artístico que representam. O fato de trabalhar com um compositor reconhecido internacionalmente, como Villa-Lobos, certamente influenciou o pensamento musical de Sebastião Vianna. Essa influência também marcou, indiretamente, a carreira de Andersen Viana.[13] Através da flauta – principal instrumento de Sebastião Vianna – e do flautim, Andersen teve no início de sua adolescência suas primeiras aulas de música com o pai. Essa relação professor *versus* aluno, entre pai e filho, aconteceu até o ano 1998, quando Andersen teve aulas de instrumentação e orquestração para banda sinfônica[14] com Sebastião Vianna.

[12] **Sebastião Vianna** (1916-2009) foi músico, regente, administrador e pedagogo com expressiva atuação em Belo Horizonte, capital do estado de Minas Gerais. Transitou através do tempo por várias áreas e influenciou várias gerações de músicos. Realizou um trabalho ímpar de formação de inúmeros profissionais das mais variadas áreas da música, através da Escola de Formação Musical da Polícia Militar de Belo Horizonte e da Escola de Música da Universidade Federal de Minas Gerais, instituições onde Sebastião Vianna dedicou a maior parte de sua vida. A relevância da atuação de Sebastião Vianna na formação de profissionais que atuaram ou vêm atuando na capital mineira e várias cidades brasileiras, além das ações por ele desenvolvidas para a evolução do cenário musical desta cidade têm sido objeto de estudo por parte de pesquisadores brasileiros, como Santos (2004) e Homem (2013).

[13] É de conhecimento que Andersen Viana teve também aulas de leitura musical inicial e de violão com o professor **Nelson Piló** (1914-1986), instrumento que logo foi substituído pelo flautim e posteriormente, pela flauta.

[14] Vale apena lembrar que a banda sinfônica é o orgânico sonoro acústico que possui a maior complexidade para sua escrita. Isto se deve também à quantidade de instrumentos transpositores: clarineta piccolo (requinta) em Mi bemol, clarineta em Si bemol, clarineta baixo (clarone) em Si bemol, saxofone alto em Mi bemol, saxofone tenor em Si bemol, saxofone barítono em Mi bemol, trompete em Si bemol, trompa em Fá, bombardino em Dó e Si bemol, tuba em Dó e Si bemol e instrumentos de percussão igualmente transpositores (xilofone, glockenspiel, etc.). Além desta dificuldade natural, acrescentam-se metodologias equivocadas utilizadas por "mestres de banda" em muitas cidades interioranas do

 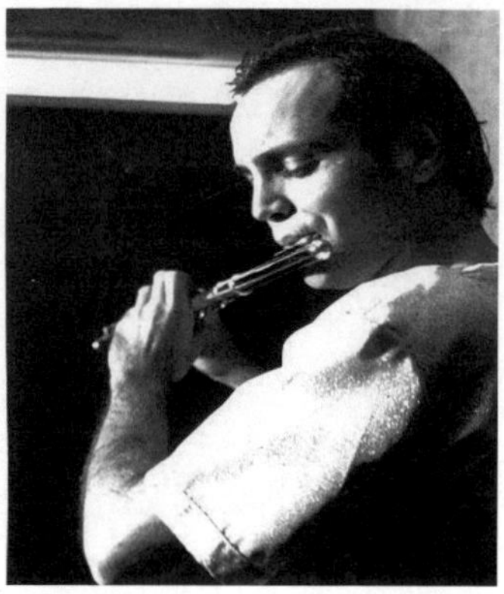

O compositor e sua flauta em 1979 e em 1988, respectivamente

Essas aulas foram fundamentais para que ele obtivesse o primeiro lugar no I Concurso César Guerra-Peixe de Composição para Banda Sinfônica (FUNARJ-Rio de Janeiro) em 1998; o primeiro lugar no I Concurso Internacional de Composição Lys Music Orchestra (Comines Warneton, Bélgica) em 2001; Menção Honrosa no Concurso Coups de Vents Composition Competition (França) em 2004; e simultaneamente, o Primeiro Lugar e o Prêmio do Público no Concours de Composition pour Orchestre d'Harmonie (Lambersart, França), com as obras Toccata e o terceiro movimento da *Sinfonia 3* (Terra Brasilis), conseguindo a difusão destes trabalhos em nível mundial, vários diplomas e milhares de euros. Sebastião Vianna teve uma vida longa, digna e profícua em realizações musicais. Até pouco antes de seu falecimento gravou álbuns como flautista e como compositor.

A mãe de Andersen, Rosa Naltarelli Vianna (1927-2001), trabalhava como artista visual em um ateliê em sua própria casa, além de ter lecionado, escrito livros infantis e traduzido um livro de técnicas para pintura da notável artista norte-americana Lois Bartlett Tracy (1901-2008), obra única no gênero no Brasil. Provavelmente, seu falecimento se deveu também ao estresse provocado pela produção de sua exposição individual no espaço da Assembleia Legislativa de Minas Gerais. A relação materna, na infância e adolescência, envolveu um contexto religioso, através do qual o filho teve algumas experiências místicas. Andersen já se sentia influenciado artisticamente pelos trabalhos em óleo, cerâmica, argila, resina e aquarela feitos pela mãe, assim como pelas discussões sobre arte e estética na família. No entanto, peregrinações espirituais proporcionaram a oportunidade e ideias composicionais que, de maneira intuitiva, foram desenvolvidas. Este foi o caso de uma obra sacra para voz infantil solo, composta entre os doze e os treze anos de idade. A música e a letra perderam-se no tempo,[15]

Brasil, que ensinam conteúdos tecnicamente errados. Parece-nos que essas são as razões pelas quais poucos compositores brasileiros podem desenvolver trabalhos e parcerias com esses grupos.

[15] Isso tem acontecido com um número considerável de compositores desde o passado remoto até o presente. Da lista de composições também foram extraviadas as seguintes obras: *Quarteto para Flautas* (1979), o *Duo "Inseto" para Flauta e Contrabaixo* (1979) e *Flor do Céu* (?).

não tendo sido registrado sequer seu título.[16] A relação mãe-filho, através das artes visuais, despertou no compositor uma percepção, em certo sentido, "colorista". Ele próprio reconhece essa característica, pois, quando ouve uma estrutura sonora – seja ela uma nota, um acorde ou um arpejo, – ele a associa às cores,[17] conjunto de cores, imagens estáticas ou mesmo imagens em movimento. A influência das artes visuais na música, especialmente no impressionismo, se constata pela preferência pela obra musical francesa, em Maurice Ravel (1875-1937), o qual Andersen considera um dos maiores orquestradores da história da música. Portanto, o contato com as artes visuais, evidenciado na relação com a mãe, tem uma importância na inspiração para a composição de seu repertório. Isto pode ser mais bem observado no projeto multidisciplinar Quadros Musicais,[18] criado na década de 1980 e nas músicas compostas para cinema a partir da década de 1990.

Seu irmão mais velho, Marcus Viana, tocava violino na Orquestra Sinfônica de Minas Gerais (OSMG). Na mesma época, paralelamente, fundou o grupo de rock progressivo conhecido como Sagrado Coração da Terra. Hoje, trabalha como compositor de trilhas sonoras para novelas da televisão brasileira, além de possuir um estúdio de gravação e, eventualmente, apresentar shows populares com seus grupos instrumentais e vocais.

---

[16] Devido a este "esquecimento infantil", não foi possível localizar esta peça lítero-musical para "voz solo" em especial. Outras pequenas peças escritas para flauta e violão – ou para grupo instrumental, a pequena peça *Flor do Céu*, por exemplo – também foram "esquecidas e perdidas", não tendo sido possível localizá-las e incluí-las na atual lista de composições de Andersen Viana.

[17] No início da década de 1980, Andersen travou contato com a teoria experimental do compositor e professor Jorge Antunes (1942). Mais especificamente com o pequeno livro *A Correspondência entre os SONS e as CORES* – bases teóricas para uma "música cromofônica" (1982) impresso pela editora Thesaurus. Este pequeno trabalho pioneiro e visionário foi escrito em 1965 e apenas comercializado em 1982, tendo influenciado o pensamento composicional de Andersen Viana no tocante ao "colorido" dos sons, principalmente porque cita compositores da "escola russa" tais como Rimsky-Korsakov e Scriabin – que também desenvolveram uma teoria cromofônica –, com os quais Viana se identifica.

[18] Este trabalho foi apresentado integralmente pela primeira vez em março de 1989. Constitui-se em uma série composta por dezessete temas musicais manuscritos sobre telas transparentes pintadas. É parte de um projeto amplo de fusão das artes – música e artes visuais – iniciado no ano 1988 pelo compositor Andersen Viana e, a partir de 2004, com a parceria da artista visual e poeta Regina Mello. O conceito encontrado na série Quadros Musicais (1988) desenvolveu-se no atual projeto denominado Anti-Partituras (2013). Resumidamente, estes "quadros" são obras musicais instrumentais visuais e, de uma maneira geral, de acessível execução pelos intérpretes. Com uma estética eclética – popular, jazz, *new age*, folclórica, erudita, experimental –, foi apresentado pela primeira vez no auditório do Minas Tênis Clube em 1989 (Belo Horizonte, MG), tendo como instrumentos solistas, flauta e guitarra eletroacústica. Nesta primeira e única apresentação, as partituras-quadros foram dispostas suspensas no salão, de modo que os músicos, passando por elas, executassem as peças. O público, ao final do espetáculo musical, levantou-se e fez o trajeto dos músicos na "exposição". O original em papel vegetal do *Tema Velho* perdeu-se. Atualmente têm-se duas referências na internet sobre esse trabalho: <http://quadrosmusicais.blogspot.com.br/> e <http://www.flickr.com/photos/102937544@N02/>.

Aos dezesseis anos de idade, Andersen Viana já tinha composto[19] algumas peças de câmara para violão, grupo popular e flauta e piano tais como: *Flor do Céu (?)* [perdida]; *Prelúdio nº 1 para Flauta e Piano* (1978); *Estudo nº 1 para Flauta e Piano* (1978); *Prelúdio nº 2* para Flauta e Piano (1979); *Quarteto para Flautas* (1979) [perdida]; *Duo "Inseto" para Flauta e Contrabaixo* (1979) [perdida]; *Estudo nº 2 para Flauta e Piano* (1979); *Gotas de Cristal para Flauta e Piano* (1979); *Adagio e Allegro para Flauta e Piano* (1979); *Trio para Flautas* (1979); *Fantasieta para Flauta e Piano* (1979); *Prelúdio nº 3 para Flauta e Piano* (1979); *Pastoral I para Flauta e Piano à Mão Esquerda* (1979); e a obra didática 24 *Solfejos a Duas Vozes* (1979). Foi uma época em que o jovem Andersen se confrontava com uma vasta informação vinda de todos os lados. Foi neste período que conheceu a pedagoga argentina Violeta Hemsy de Gainza,[20] com quem fez um curso de pedagogia musical. A professora Gainza estimulou o jovem Andersen a perseguir os desafios da carreira de compositor. A partir deste período, sua carreira como compositor começou a delinear-se, originando quatro fases distintas: a primeira fase, na adolescência, caracterizada pelo trinômio "aprendizado-experimentação-autodidatismo". O compositor considera todas as obras deste período como composições "elementares, escolares e experimentais". A segunda fase, na década de 1980, quando procurou se profissionalizar como instrumentista e aprofundar seus conhecimentos de harmonia, instrumentação, orquestração e contraponto, marcando o início de sua vida adulta. A terceira fase, uma extensão da década de 1980 até 1990, tem como marcas as composições: *Apenas uma Impressão*[21] *para Piano Solo* (1981); *Entretenimentos nº 1 para Flauta e Viola* (1982); *Entretenimentos nº 2 para Viola e Orquestra de Cordas* (1983); *Fantasieta para Violino Solo* (1983); *Fantasieta*[22] *para Trompa*

[19] Vale a pena registrar que a primeira obra musical composta por Andersen foi um "solo para voz", de cunho religioso. Ele contava com letra do próprio compositor, que também atuou como solista. Não existe qualquer registro desse trabalho, pois foi criado e executado oralmente de maneira privada, no âmbito de uma peregrinação religiosa, acompanhando sua mãe. O ano provavelmente teria sido 1975, pois o compositor contava com treze anos.

[20] **Violeta Hemsy de Gainza** (1930) é pianista, pedagoga musical e psicóloga social argentina. Realizou seus estudos de graduação na Universidad Nacional de Tucumán, onde ingressou como bacharelanda em música com especialização em piano. Em 1951 obtêm uma bolsa de estudos para se aperfeiçoar no Teacher's College da Universidade de Columbia em Nova York. Realizou estudos em Paris com Gerda Alexander, criadora do conceito de eutonia (1976) e também na Dinamarca (1982). Atuou como presidente do Foro Latino-Americano de Educación Musical desde sua fundação em 1995 até 2005. É membro do diretório da International Society for Music Education. A obra escrita de Gainza abrange mais de 40 títulos sobre pedagogia da música, ensino de piano e violão, musicoterapia, improvisação musical, entre outros. Seus livros que foram publicados em diferentes línguas, além do espanhol.

[21] Esta obra para piano solo é um interessante jogo politonal/modal. Foi tocada e gravada pela primeira vez pelo pianista Eduardo Hazan e encontra-se disponível em CD áudio (*A Nova Música de Minas*). Tem um grande efeito performático e sonoro, apesar de sua pequena duração.

[22] *A Fantasieta para Trompa* (F) *e Piano* é algo importante na carreira do compositor. Ela recebeu o primeiro lugar no I Concurso Nacional para Instrumentos de Sopro (Coomusa) no Rio de Janeiro. Contou com a colaboração do trompista Marcos Albricker para a correta utilização das técnicas da trompa solista. No júri estavam Radamés Gnatalli, Nelson de Macedo e Guerra-Peixe.

e Piano (1984); *Quarteto de Cordas nº 1*[23] (1984); *Poema Metral*[24] *para Orquestra Sinfônica* (1985); e *Suíte Floral*[25] *para Orquestra de Câmara e Piano* (1986), obras denominadas pelo compositor com o binômio "consciência-desenvolvimento". Finalmente a quarta fase, provocada por um atropelamento que mutilou violentamente a mão direita do compositor,[26] impossibilitando-o de tocar profissionalmente qualquer instrumento. Nessa última fase, ele se dedica integralmente à composição musical, quer seja acústica ou eletrônica (esta última em obras em formato de ondas sonoras), música de câmara, composições para grandes formações orquestrais e corais, música para cinema e teatro, ou mesmo composições para pequenos grupos de música popular e jazz (nesses dois gêneros musicais, sua produção é substancialmente menor do que as de música erudita).

Na primeira fase, Andersen se interessava, a princípio, pela música de câmara, que também podia interpretar juntamente com colegas da Escola de Música da UFMG.[27]

[23] Este primeiro quarteto de cordas foi escrito durante o ano 1984 e estreado no mesmo ano pelo *Quarteto Bosísio* em um concerto promovido e patrocinado pelo Museu Villa-Lobos, com a presença de Arminda Villa-Lobos. Esta obra foi ouvida outras vezes na cidade do Rio de Janeiro, tocada pelo mesmo grupo. Traz uma linguagem "modernista" dentro do nacionalismo villalobiano com o uso da extrema repetição de motivos, o que nos remeteria talvez a um pós-minimalismo. O início deste quarteto remonta a uma "marcha fúnebre", tendo sido subintitulado como *Lúgubre*. Foi dedicado à memória de Tancredo Neves (1910-1985), quando de seu falecimento.

[24] O *Poema Metral* é a primeira obra para grande orquestra do compositor. Foi estreada pela Orquestra Jovem do Teatro Municipal do Rio de Janeiro sob a gerência de David Machado (1938-1995) na sala Cecília Meireles, no mesmo ano de sua composição. O interessante dessa composição – apesar de falhas na orquestração e no próprio processo composicional – reside no fato de ter sido escrita diretamente sobre a pauta musical sem o auxílio do piano ou qualquer outro instrumento harmônico. Foi realizada, concomitantemente à composição, uma pesquisa na PUC-Rio (Departamento de Física) sobre a suposta relação que poderia existir entre dois elementos tal como os vemos no mundo visível: o cristal e o metal. A palavra "metral" é um neologismo utilizando esses dois elementos do mundo mineral. Esta "fusão" foi tentada não apenas conceitualmente, mas também nesta obra musical.

[25] A *Suíte Floral* é uma obra para orquestra de câmara e piano (1986). De cunho ecológico, divide-se em sete movimentos. Foi premiada pela Concorrência Funarte 1986, Sala Sidney Miller-Rio de Janeiro, mesmo ano de sua composição, temporada em que foi ouvida diversas vezes nas cidades do Rio de Janeiro, Niterói e Belo Horizonte. Desde então, não foi mais executada em público. Podemos considerar esta obra como uma das grandes realizações profissionais do compositor naquela época, levando em consideração as enormes dificuldades de vida, de inserção profissional em um mercado extremamente competitivo e excludente, bem como pela enorme hostilidade encontrada na cidade do Rio de Janeiro em todos os níveis e em todas as direções. Os intérpretes que participaram da estreia e subsequentes *performances* nos anos 1986-1987 foram: Maria Teresa Madeira, Kátia Ballousier (Piano), Marilena Horta (Flauta), Philip Doyle e Marcos Albricker (Trompa), Osvaldo Carvalho (Violino), Frederick Sthephany (Viola), Paulo César Rabelo (Violoncelo), Yuri Popoff e Antônio Arzolla (Contrabaixo). Foi finalmente gravada no ano 2007 em Moscou pela The Russian State Symphony Cinema Orchestra sob a regência do compositor.

[26] Este atropelamento aconteceu em dezembro de 1998 em uma sexta-feira, em que a lua, segundo a astrologia, estava "fora de seu curso".

[27] Podemos citar a inestimável colaboração do pianista Miguel Carneiro e do violoncelista Francisco Bicalho, que durante estes primeiros anos colaboraram com o compositor nessa fase de "aprendizado-experimentação-autodidatismo". Estes músicos se apresentavam gratuitamente, ensaiando novas obras para flauta com estes instrumentos durante intermináveis horas, inclusive durante os sábados e recessos.

A verdadeira curiosidade com relação a outros instrumentos e a música sinfônica viria um pouco mais tarde, porém, foi revelada precocemente na adolescência. Ele diz, em entrevista (VIANA, 2000), sobre a apreciação de um solo de corne inglês na música de um filme apresentado por seu pai em uma sala de cinema de Belo Horizonte, cujo nome não se recorda, mas cuja melodia está registrada até hoje em sua memória. Portanto, nessa época, as ferramentas para composição tornaram-se as memórias da audição de obras de câmara e sinfônicas.

Quase que paralelamente aos estudos musicais com o pai, ainda na adolescência, estudava violão em uma escola de música localizada em uma loja de música chamada A Musical Strambi, no centro de Belo Horizonte, onde estudava com o professor Nelson Piló. Contudo, como o estudo era coletivo, o professor não tinha muito tempo para se dedicar ao aluno iniciante, o que, paulatinamente, fez com que Andersen desanimasse e desistisse do curso. Consequentemente, seguiu a influência instrumental do pai, trocando definitivamente o violão pelo flautim e pela flauta. Sequencialmente, ingressou no Curso de Formação Musical da UFMG. O aprendizado de teoria elementar da música e percepção musical neste curso de formação, a partir do ano 1977, era seguido por elaborações de composições experimentais que tinham por objetivo o avanço do conhecimento musical. Isto pode ser constatado através de seus *24 Solfejos a Duas Vozes*.[28] De alguma maneira foi possível escrever peças que antecipariam em vários anos técnicas contrapontísticas que seriam aprendidas apenas no curso superior de composição, de acordo com o que podemos constatar nos Exemplos 2 e 3.

---

[28] Esta pequena obra pedagógica nos parece ser uma interessante possibilidade que foi criada – como autodidata – concomitantemente ao estudo da teoria elementar e percepção musical. Esta coletânea propõe ao aluno iniciante uma abordagem criativa e prazerosa em relação aos exercícios de solfejo tradicional, pois traz jogos interessantes a duas vozes, onde princípios do contraponto são utilizados de modo que os alunos se divirtam ao mesmo tempo em que tomam contato com os diversos intervalos, ritmos e compassos. Propõe, também, o desenvolvimento musical e artístico do aluno que em pouco tempo estará apto a maiores desafios que encontrará mais adiante em sua vida artística, quer seja como solista, camerista, no trabalho conjunto em coral, banda de música ou orquestra. Estes *24 Solfejos a Duas Vozes* permitem ao aluno um desenvolvimento musical progressivo no âmbito da tonalidade e da modalidade. Iniciando em Dó maior desenvolve-se até Si bemol menor, abrangendo as principais tonalidades utilizadas e alguns modos gregos tais como o eólio e o frígio. Os ritmos são apresentados de maneira progressiva, desde ritmos simples, como colcheias, até síncopes mais complexas, mudança de compassos e de andamentos. Uma vez aprendido o conteúdo desta coleção, o aluno estará apto a qualquer desafio no âmbito coral ou instrumental. Esta coletânea foi desenvolvida no ano 1979 ao mesmo tempo em que o autor aprendia o solfejo e a teoria tradicional da música. Por já observar que o treinamento de solfejo deveria ser mais artístico do que técnico, o compositor desenvolveu esta coleção para que, já no início do aprendizado, dois ou mais alunos pudessem se expressar musicalmente de maneira mais criativa e artística, e não apenas técnica. Esta coletânea foi digitalizada e revisada em 2010. Passados trinta anos, muito pouco foi mudado neste pequeno trabalho, que se mantém com os mesmos princípios educacionais e artísticos pelos quais se norteou durante sua composição.

Exemplo 2

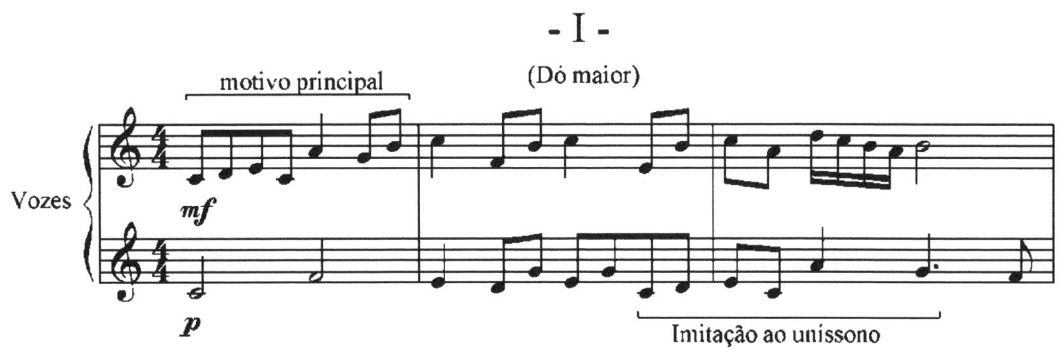

Exemplo 3

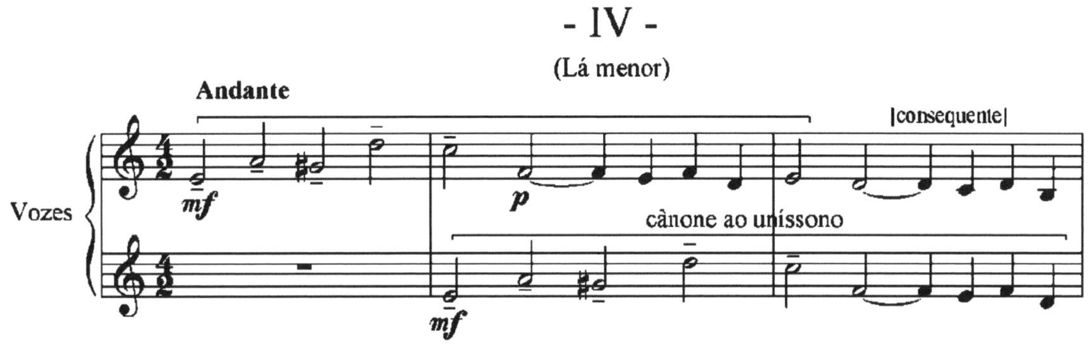

Nos Exemplos 4 e 5, podemos observar o uso de outras unidades de tempo que não as mais usuais (binária, ternária e quaternária com o uso da semínima como unidade de tempo), compasso composto de 4/8: (12/16) e 2/8: (6/16), o que proporciona ao aluno uma experiência com as outras unidades e frações matemáticas, ampliando a experiência rítmico-teórica.

Exemplo 4

Exemplo 5

Como podemos observar desde o Exemplo 2 até o Exemplo 6 sequencialmente, estes solfejos são progressivos e vão aumentando o grau de complexidade à medida que o aluno supera o desafio anterior.

Exemplo 6

Os exercícios tradicionais (muitos deles enfadonhos e mesmo burocráticos) propostos nas disciplinas oferecidas pelo curso básico da Escola de Música da UFMG fez Andersen se exercitar paralelamente, por sua própria conta. Para a harmonização tonal de uma melodia, por exemplo, ele criava outra possibilidade harmônica diferente da linha proposta pelo professor. Essa prática tornou-se possível por causa das audições de obras do repertório de câmara e sinfônico, bem marcadas em sua memória. Portanto, com a audição atenta de tais obras, criava outras possibilidades para os exercícios. Foi a partir das aulas na Escola de Música da UFMG e de seus estudos paralelos, contudo, que começou a vivenciar um sólido aprendizado musical, graças também a professores como Oiliam Lanna, Maria Lígia Souza Lima, Mauro Coura Macedo,[29] Maria Amélia Martins, Sandra Loureiro de Freitas Reis,[30]

---

[29] **Mauro Coura Macedo** foi pianista, compositor, arranjador e professor da Escola de Música da UFMG. Exímio pianista, trabalhou em bares e restaurantes ("piano bar") durante décadas até ser convidado por Sebastião Vianna para lecionar percepção musical na Escola de Música da UFMG. Andersen também teve algumas aulas com este mestre, que talvez tenha sido um dos maiores improvisadores que já existiram no Brasil. Era capaz de improvisar músicas em qualquer estilo que já houvesse sido criado, tais como barroco, jazz, impressionismo francês, e outros. Andersen presenciou uma destas sessões para sua surpresa e espanto. Mais tarde tentou recolher todos os "fabulosos solfejos" compostos pelo professor "Corinha", o que não foi possível devido a estranhas circunstâncias. Andersen tentou resgatar este precioso material para publicá-lo em uma coletânea. Como que estavam em um barracão e o telhado havia desmoronado, e a chuva molhado todo o material; a família optou por jogar tudo fora. De um material enorme e raro, restou apenas um único solfejo, infelizmente sem a harmonia, que era o que mais impressionava por sua diversidade e encadeamentos, de rara inspiração. Partindo desta perda de um bem cultural imaterial de rara magnitude, Andersen escreve o Conto "Pesadelo Búlgaro", publicado em livro junto a outras histórias curtas intituladas "Contos Cinematográficos Vol. I", no qual descreve detalhadamente este lamentável episódio.

[30] **Sandra Loureiro de Freitas Reis** (1944-2008) nasceu em Belo Horizonte, MG. Graduou-se em Direito e em Música (Piano), em 1968, respectivamente, na Faculdade de Direito e na Escola de Música da UFMG. Em 1995, obteve o título de mestre em Filosofia, na Faculdade de Filosofia e Ciências Humanas da UFMG, e, em 1999, concluiu o doutorado em Estudos Literários, na Pós-Graduação da Faculdade de Letras da mesma universidade. Além de professora e pesquisadora, é pianista, compositora, escritora e poeta, autora e organizadora de vários livros e tem artigos publicados em jornais, livros e revistas no Brasil e no exterior. É membro do Instituto Histórico e Geográfico de Minas Gerais e da Academia Internacional de Música do Rio de Janeiro. Foi agraciada com o prêmio Cem Mineiros Ilustres (1997), com o troféu de Gentileza Urbana (1994) e com a Medalha de Honra da Inconfidência (1999). Promoveu e coordenou dezenas de eventos, de âmbito nacional e internacional, e, até seu falecimento, era convidada para participar dos mais importantes eventos nacionais e internacionais ligados à música, como na Universidade Sorbonne (França).

[31] **Carlos Alberto Pinto Fonseca** (1933-2006) nasceu em Belo Horizonte, MG. Iniciou seus estudos em música no Conservatório Mineiro de Música (atual Escola de Música da UFMG). Em seguida, mudou-se para São Paulo, capital, e, depois, para Salvador, BA, onde se formou em Regência Coral, tendo como principal orientador o professor H. J. Koellreuter. Em 1959 foi para a Alemanha, onde, em Colônia e Hamburgo, iniciou o curso de Especialização em Regência de Orquestra. Posteriormente, mudou-se para a Itália e, em Siena e Bologna, assistiu às aulas dos maestros Franco Ferrara e Sergiu Celibidache, este último seu grande mestre de toda a vida. De volta ao Brasil, em 1964, estabeleceu-se em Belo Horizonte e, a convite do então Reitor da UFMG, professor Aluísio Pimenta, tornou-se maestro titular do Coral dos Estudantes Universitários, que, desde então, passou a se chamar Ars Nova – Coral da UFMG. A partir de 1964, seu nome ficou definitivamente ligado ao Ars Nova, a que dedicou todo seu empenho e que se tornou sua importante obra coral. O Maestro Carlos Alberto foi regente titular da Orquestra Sinfônica da UFMG, da Orquestra de Câmara do Modern American Institute e da Orquestra Sinfônica de Minas Gerais. *Missa Afro-Brasileira – de Batuque e Acalanto*, sua obra máxima, e grande parte de suas composições e arranjos foram editados nos Estados Unidos e em países da América Latina – em especial na Venezuela – e têm sido executados pelos mais importantes corais do mundo inteiro.

Carlos Alberto Pinto Fonseca,[31] David Machado,[32] Dolarino Pereira da Rocha[33] e Expedito Vianna.[34]

Andersen passou toda a sua adolescência estudando música na parte da manhã e na parte da tarde. À noite dedicava-se às aulas do colégio (hoje, corresponde ao primeiro e segundo graus). Essa relação com o colégio e as aulas em grupo tornou-se difícil e conflituosa para Andersen, devido a sua personalidade introspectiva. Sempre preferiu o trabalho solitário, vivendo uma espécie de autodidatismo,[35] tanto para a

---

[32] **David Machado** (1938-1995) foi um maestro brasileiro. Regeu importantes orquestras do país e do exterior. Formado pela Academia de Música de Freiburg, Alemanha, era reconhecido pelo seu amplo repertório não só sinfônico, como também operístico. Foi Diretor Artístico e Regente Principal da Orquestra Sinfônica de Porto Alegre, Orquestra Sinfônica do Teatro Municipal do Rio de Janeiro e Orquestra Sinfônica do Teatro Municipal de São Paulo, Orquestra Sinfônica de Minas Gerais e Regente Titular da Orquesta Sinfónica do Servicio Oficial de Difusión, Radiotelevisión y Espectáculos (OSSODRE) do Uruguai. Na Itália, onde morou por 15 anos, regeu a Orquestra Sinfônica Siciliana, a Orquestra do Teatro Massimo de Palermo e a Ópera de Roma. Recebeu importantes prêmios internacionais e foi convidado para reger algumas das maiores orquestras sinfônicas do mundo, mas sempre manteve uma ocupação especial com a educação musical dos jovens brasileiros. Em 1982, fundou a Orquestra Sinfônica Jovem do Rio de Janeiro (em que o compositor Andersen Viana também atuou). Foi também professor convidado da cadeira de Regência da Escola de Música da UFMG. Exerceu grande influência sobre o então jovem compositor Andersen Viana.

[33] **Dolarino Pereira da Rocha** (1930-1997) foi trombonista, professor de harmonia tradicional, arranjador e regente com atuação no cenário mineiro, principalmente na Escola de Música da UFMG. A ele foi dedicada a *Fantasieta para Trombone Solo* composta em 1984 e publicada pela Éditions de La Fabrique Musique (França).

[34] **Expedito Vianna** (1928-2012) nasceu em Visconde do Rio Branco, MG. Foi um flautista e professor com expressiva atuação em Minas Gerais e na Bahia entre as décadas de 60 a 80 do século XX. Teve influência de sua família, que tinha vocações musicais. Conforme registrou Fernando Pacífico Homem sobre as contribuições do mestre: onze irmãos de Expedito Vianna estudaram música, tendo seis deles atuado como profissionais em orquestras. Sua iniciação nos seus estudos no flautim foi aos sete anos de idade com o irmão Sebastião Vianna (este método de Sebastião Vianna ensinado ao irmão coincide com o mesmo método adotado para ensinar flauta a Andersen Viana, que foi iniciar com um instrumento menor: o flautim). Ao se mudar para Belo Horizonte, em 1954, consegue ingressar na Orquestra Sinfônica da Polícia Militar. Quatro anos mais tarde, foi estudar em Salvador, nos Seminários Livres de Música. Retornou a Belo Horizonte em 1965, quando então prestou concurso para o cargo na UFMG. Através de um trabalho de pesquisa pioneiro no Brasil, propôs metodologias, até então inéditas para o estudo da flauta transversal. Técnicas de utilização de fonemas, deslocamento rítmico e transposição não somente foram inéditas no Brasil em seu tempo, como também continuam a fornecer ainda hoje importantes ferramentas para seus ex-alunos em atividade profissional. Expedito Vianna esteve à frente de seu tempo e de seus colegas brasileiros de sua geração. Suas ideias continuam atuais. Ainda hoje diversos flautistas e professores ao redor do mundo vêm utilizando práticas pedagógicas e técnicas semelhantes. Fernando Pacífico Homem apresentou dissertação de mestrado na UFMG Expedito Vianna: um flautista à frente de seu tempo (2005).

[35] Vale a pena mencionar que, antes de iniciar o estudo da música de maneira sistematizada, criou, durante a infância e adolescência, um laboratório químico chamado DILABOR. O material para as experiências químicas era adquirido em revendedores de laboratório profissional (entre vários, se

música quanto para as matérias do colégio. Com relação às atividades musicais do final da adolescência, ensaiava música de câmara todos os finais de semana junto ao pianista Miguel Carneiro e ao violoncelista Francisco Bicalho. Tal trabalho, sempre orientado por seu pai, lhe forneceu uma base sólida para suas futuras obras de câmara. Aos dezessete anos de idade realizou seu primeiro recital de composições próprias, com uma seleção de obras para flauta e piano, e para flauta e violoncelo. No início da década de 1980 realizou um recital de flauta e piano no auditório do Minas Tênis Clube, onde interpretou obras de J. S. Bach, W. A. Mozart, Friedrich *Kuhlau*, Osvaldo Lacerda, entre outros compositores (estava presente a esse recital o professor e violinista húngaro *Gábor Buza*). Neste mesmo período foi apresentado ao produtor, compositor, violonista e violoncelista Marco Antônio Araújo,[36] com quem realizou diversas apresentações de música instrumental. Após essas apresentações passou a se firmar como instrumentista profissional, e a se interessar pelos instrumentos de arco. Esse interesse o levou a estudar viola no início de sua idade adulta. As composições dessa fase tinham a influência da música popular brasileira, do jazz, da música de Astor Piazzola (1921-1992), e das composições dos períodos renascentista e barroco.

---

encontravam frasco de Kitassato, *Erlenmeyer,* variados tubos de ensaios, pipetas, medidores, balões, etc.). Neste pequeno laboratório, ele experimentava as mais inusitadas misturas de ácidos (sulfúrico, clorídrico, acético, muriático), pós (bicromato de potássio, nitrato de prata, enxofre, etc.), amônia e tantos outros elementos que, misturados, ocasionavam inesperadas reações (muitas delas explosivas, que causavam estrondos e grandes nuvens de fumaça que subiam pelas janelas dos quartos de cima). Isto preocupava sobremaneira sua mãe, até que um dia uma explosão respingou ácido sulfúrico e amônia nos seus olhos (o que criou uma mancha branca nos olhos temporariamente). A partir desta experiência traumática, o laboratório foi sendo paulatinamente esquecido, e foi definitivamente substituído pelas criações musicais. Este "trabalho" no laboratório experimental DILABOR acabou por influenciar dois amigos vizinhos que acompanhavam suas experiências autodidatas na química: um se tornou químico profissional e o outro, médico.

[36] **Marco Antônio Araújo** (1949-1986) nasceu em Belo Horizonte, MG. Como todo adolescente nos anos 60, apaixonou-se pelos Beatles e pelos Rolling Stones e, em 1968, ingressou no grupo Vox Populi (alguns destes músicos formariam o Som Imaginário). Ficou um ano no grupo, que lançou um compacto (*Pai-Son*) pela gravadora Bemol. Decidindo pela música, resolveu abandonar o curso de Economia e o emprego em um banco. Em 1970 mudou-se para Londres, onde ficaria por dois anos ouvindo bandas como Led Zeppelin, Deep Purple, Pink Floyd, Rolling Stones, etc. Após este período retornou ao Brasil e foi morar no Rio de Janeiro, onde estudou composição com Esther Scliar, violão clássico e violoncelo com Eugen Ranewsky e Jacques Morelenbaum na UFRJ. Começou a compor trilhas sonoras para cinema, teatro e balé, entre eles a peça *Rudá*, de José Wilker; e *Cantares*, um balé apresentado pelo Grupo Corpo. Em 1977 passou a integrar a Orquestra Sinfônica de Minas Gerais, onde ficaria até o fim de sua vida. Realizou diversos shows, acompanhado pelo grupo Mantra. As composições instrumentais mesclavam o rock progressivo com a tradição de quadrilhas, modinhas e serestas. Em 1980 gravou, de maneira independente, o primeiro LP, *Influências*, que recebeu grandes elogios da crítica especializada e foi divulgado em 74 shows. Em Belo Horizonte iria receber, no dia 7 de janeiro de 1986, um prêmio da Revista *Veja* como o melhor músico instrumentista do país. Subitamente, sofreu uma hemorragia cerebral e entrou em coma profundo, vindo a falecer no dia 6, véspera da premiação.

O compositor escrevendo diretamente sobre o papel de música, 1988

Ainda durante essa época, percebeu uma ausência de direcionamento maior para a flauta, podendo ter desenvolvido mais sua carreira como instrumentista. Lamenta-se do fato, afirmando sobre a falta de oportunidades para conhecer novas tendências, novos mercados e escolas de flauta (o primeiro instrumento a dominar bem tecnicamente). Porém, a vivência como instrumentista, interpretando obras de outros compositores, repercutiu na elaboração de suas futuras composições. Como flautista, chegou a interpretar obras complexas e virtuosísticas como *Fantasia Pastoral Húngara* de F. Doppler, a integral das *Sonatas* de Mozart, *Sonatas* de J. S. Bach, o *Concerto em Sol Maior* de J. Quantz, o *Concerto de Vivaldi em Sol Menor* (*La Notte*), as *Variações em Mi Maior* sobre a ária *Non piu mesta* de Chopin, *Primeiro Amor, Sonho* e *Margarida* de Patápio Silva, os choros de Pixinguinha (*Um a Zero, Vou Vivendo, Descendo a Serra,* etc.), da música de outros "chorões" como Garoto e Kximbim; *Suíte para Flauta e Piano Jazz* de Claude Bolling e o *Moto Perpétuo* de Niccolò *Paganini,* entre outras obras.

No final de sua adolescência, como instrumentista, preferia interpretar música de câmara. Consequentemente, as obras de câmara de alguns compositores tornaram-se fundamentais para sua formação. Como exemplo, ele cita Arcangelo Corelli (1653-1713), Antonio Vivaldi (1678-1741), George Philipp Telemann (1681-1767), Georg Friedrich Haendel (1685-1759), Johann Sebastian Bach (1685-1750), Giuseppe Sammartini (1693-1750), Pietro Locatelli (1695-1764), Friedrich Kuhlau (1786-1832), George Enescu (1881-1955), Arthur Honneger (1892-1955), Darius Milhaud (1892-1974), Eugène Bozza (1905-1991). Esses compositores exerceram também influência estética através, principalmente, do uso do contraponto. Nesse período começaram a aparecer, como compositor autodidata, suas primeiras peças de câmara de caráter mais erudito, como o *Estudo nº 1 para Flauta e Piano* (1978); o *Estudo nº* 2 para Flauta e Piano (1979); o *Estudo nº 3 para Flauta Solo* (1980); e o *Trio de Flautas* (1979); essa última, com forte influência do compositor Arthur Honneger.

A música experimental[37] fez e continua fazendo parte da carreira do compositor. Ainda no final de sua adolescência, escrevia obras experimentais para um grupo de quatro músicos amadores, funcionando como laboratório de composição, também como autodidata. Nesse período tocava e compunha obras experimentais para alguns instrumentos de sopro, de cordas, piano e teclados eletrônicos. Essas peças caracterizavam apenas uma fase da adolescência, na qual não possuía noção de harmonia, análise, contraponto, instrumentação e orquestração, escrevendo intuitivamente. Podemos observar que este experimentalismo inicial culminou com a composição da obra *Crateras de Marte* (2014) *para Piano Solo*, na qual o compositor utiliza amplamente a indeterminação, *clusters*, os registros extremos do instrumento, a "arpa" do piano, com o uso de palheta de guitarra e baquetas de xilofone, bem como a total ausência das frações de compassos. Isto pode ser observado mais detalhadamente através da análise do Exemplo 7.

[37] A música experimental, como parte da corrente vanguardista, teve seu auge na década de sessenta, principalmente na Europa e nos Estados Unidos, perdendo força nos anos setenta. No Brasil, a música de vanguarda, segundo Tacuchian (1995), declinou nos anos setenta.

Exemplo 7

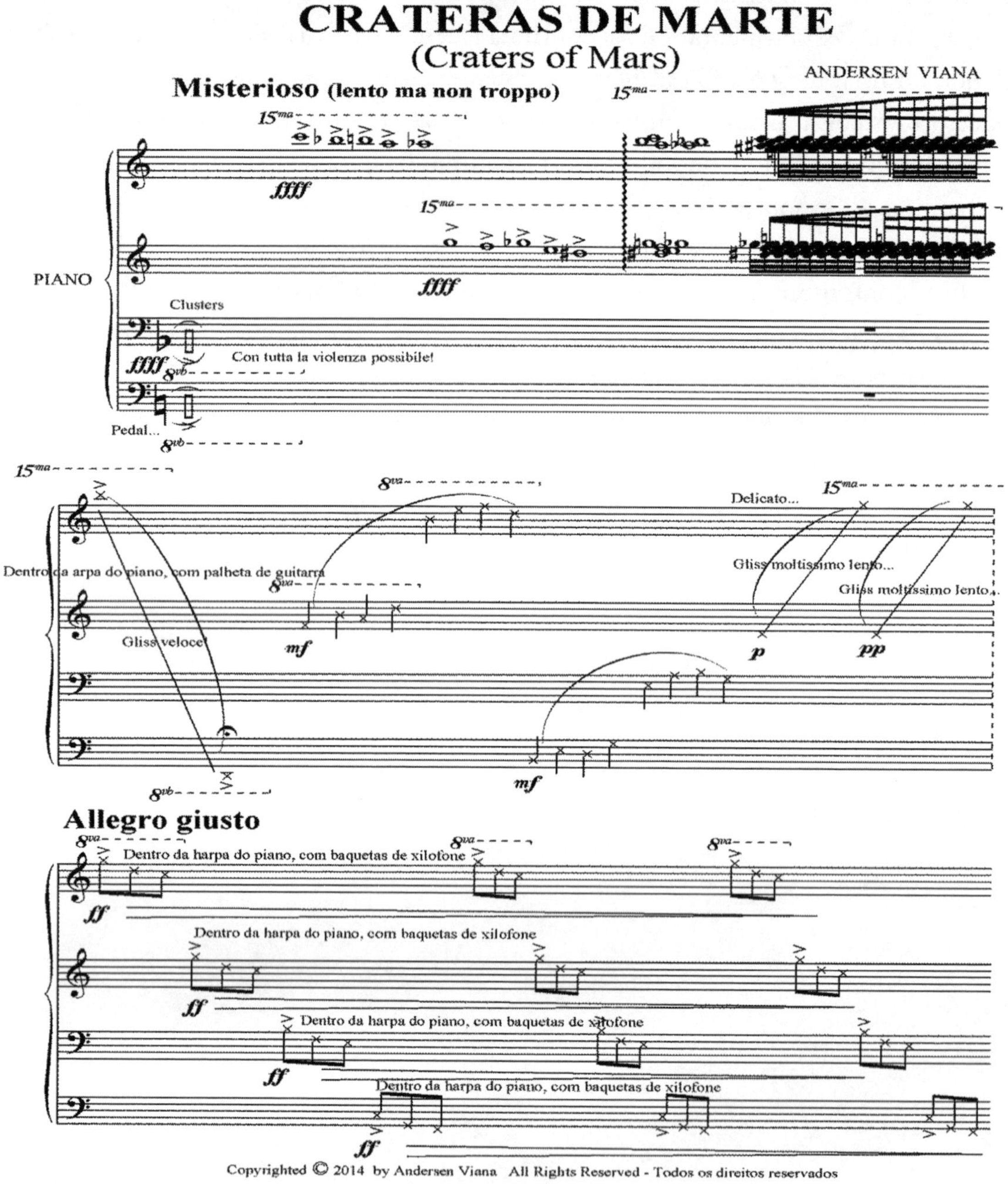

Na década de 1980, inicia-se a segunda fase do instrumentista-compositor, já adulto. Nessa década procurou profissionalizar-se como flautista, ao mesmo tempo em que começou seus estudos de viola com o professor Paulo Bosísio,[38] em 1981.

[38] **Paulo Gustavo Bosísio** (1950) nasceu no Rio de Janeiro. Estudou violino com Yolanda Peixoto e análise musical com Esther Scliar, e posteriormente com Max Rostal na Alemanha, onde se formou com grau máximo e distinção. Na qualidade de concertista, apresentou-se como solista de orquestra, recitalista e camerista, por diversos países europeus. No Brasil, tocou com todas as

As aulas[39] iniciaram com idas esporádicas ao Rio de Janeiro e se intensificaram depois de sua mudança para aquela cidade, onde morou por cinco anos. Ainda em Belo Horizonte, depois de seis meses de estudo de viola, a Orquestra de Câmara da Universidade de Belo Horizonte (UNI-BH) o contratou como instrumentista. Em 1983, depois de dois anos de estudo do instrumento, foi aprovado em concurso na Orquestra Sinfônica Jovem do Rio de Janeiro (Teatro Municipal), criada e dirigida pelo maestro David Machado. Paralelamente às atividades da orquestra, dedicava-se a tocar flauta em recitais de música erudita e espetáculos de música popular em teatros, casas de espetáculos, bares e restaurantes em Belo Horizonte, Ouro Preto, Rio de Janeiro, Parati, Angra dos Reis e São Paulo. No caso dos trabalhos eruditos, contava com a participação do saxofonista e médico Mecenas Magno, da pianista Maria Teresa Madeira e do percussionista Joaquim de Abreu. As atividades com música popular envolveram trabalhos junto ao compositor Marco Antônio Araújo, ao conjunto de tango do bandoneonista e arranjador argentino Don Roberto Blasco, ao grupo de rock progressivo Sagrado Coração da Terra, e ao violonista Juarez Moreira. Nessas duas áreas, mantinha a flauta como instrumento principal, gravando em Belo Horizonte, no ano 1989, o LP *Instrumental de Casaca,*[40] juntamente com o pianista Eduardo Hazan.[41]

---

orquestras importantes do cenário musical. É professor de violino na UNI-RIO e convidado para os mais importantes cursos e festivais no Brasil. Como primeiro violino do Quarteto da UFF, excursionou na Inglaterra e na Escócia com programa exclusivamente brasileiro. Como solista e camerista, realizou inúmeras primeiras audições de música brasileira. Foi diretor artístico e *spalla* da Orquestra de Câmara Brasil Consorte. Tem estreado inúmeras obras brasileiras, inclusive a *Fantasieta* (1983) de Andersen Viana.

[39] A metodologia de aprendizado utilizada no início de seu estudo de teoria elementar e percepção musical continuou no aprendizado deste novo instrumento. São desta época obras fáceis para viola: *Ponteio para Violino, Viola e Violoncelo* (1981); *Três Peças para Violino e Viola* (1981); *Entretenimentos nº 1 para Flauta e Viola* (1982); *Entretenimentos nº 2 para Viola e Orquestra de Cordas* (1983) e *Fantasieta para Viola Solo* (1983).

[40] Este disco foi gravado pelo selo Karmim em apenas uma sessão e traz diversas peças instrumentais de compositores brasileiros de música popular como Pixinguinha, Pattápio Silva, Zequinha de Abreu, Eduardo Souto, Johnny Alf, Sérgio Bittencourt, Flávio Venturini, Tom Jobim, Vinícius de Moraes e Cartola. Esta gravação foi a reprodução quase fiel do espetáculo de mesmo nome que circulou em Belo Horizonte e São Paulo durante os anos 1988 e 1991. Até a presente data a fita matriz não foi ainda digitalizada, não existindo nenhuma versão em CD deste trabalho.

[41] **Eduardo Hazan** (1937) nasceu em Santos, SP. É responsável pela formação de várias gerações de pianistas brasileiros. Estudou por sete anos no exterior, tendo concluído o seu bacharelado pela Academia de Música de Vienna com nota máxima. Em seguida, aperfeiçoou-se em Paris e concluiu o mestrado pela Indiana University, sendo agraciado com o raro Performer's Certificate. Lecionou por mais de trinta anos, vinte dos quais na UFMG, sendo um dos criadores da Fundação de Educação Artística de Belo Horizonte. Primeiro Prêmio no Concurso Nacional da Bahia, recebeu ainda três prêmios internacionais nos concursos Marguerite Long (França), Vianna da Motta (Portugal) e do Rio de Janeiro, sendo considerado o melhor pianista brasileiro desta competição. Atuou em recitais nos Estados Unidos, França, Espanha, Portugal, Áustria, Inglaterra e foi enviado pelo Itamaraty em turnê por seis países da América do Sul. Em reconhecimento à sua vida artística, o governo do estado de São Paulo lhe concedeu recentemente a comenda Ordem do Mérito Cultural Carlos

O compositor com sua viola francesa Jérôme Thibouville-Lamy do século XIX

A flauta, usada também com propriedade na música popular, expressava a linguagem do "chorinho", do improviso do jazz e dos solos de rock progressivo; já a viola, Andersen utilizava na área erudita, como nas orquestras e grupos de câmara. No entanto, os dois instrumentos contemplavam o repertório de câmara erudito através das obras barrocas de Bach, Haendel, Corelli, Quantz, Stamitz, Vivaldi, e das clássicas de Schubert, Haydn, Mozart e Beethoven.

A experiência como instrumentista nas áreas popular e erudita viria a influenciar suas composições na década de 1980. No caso da obra popular, evidencia-se a influência do jazz e da MPB (música popular brasileira), bem como da música de tradição oral (folclore) das diversas regiões do Brasil. Da erudita, ficaram fortes traços dos compositores do período barroco, dos clássicos como W. A. Mozart, J. Haydn e L. V. Beethoven, e românticos como P. I. Tchaikovsky (1840-1893), J. Brahms (1833-1897), A. Borodin (1833-1887), Modest P. Mussorgsky (1839-1881) e N. Rimsky Korsakov (1844-1908). Os compositores europeus do século XX considerados como neoclássicos, como os já citados, Honneger e Milhaud, além de Igor Stravinsky (1882-1971) e Jacques Ibert (1890-1962), também exerceram influência em Andersen nessa época. Da música brasileira, ele considera atentamente os compositores: Carlos Gomes (1836-1896), Alberto Nepomuceno (1864-1920), Heitor Villa-Lobos (1887-1959), Lorenzo Fernandez (1897-1948), Francisco Mignone (1897-1986), Radamés Gnatalli (1906-1988), César Guerra-Peixe (1914-1993), Cláudio Santoro (1919-1989) e Osvaldo Lacerda (1927-2011). Dos latinos, fora os brasileiros, acha o argentino Astor Piazzola (1921-1992) e Alberto Ginastera (1916-1983) os mais marcantes. Andersen não esconde

Gomes. Gravou vários discos para os selos Magic Music, Karmim Produções e Sonhos e Sons, tendo publicado pela editora Vitale o livro *O piano, alguns problemas e possíveis soluções*. Atuou como solista de várias orquestras, como a Orquestra Sinfônica de Minas Gerais, Orquestra Sinfônica Brasileira, Orquestra Filarmônica de Minas Gerais, Orquestra de Câmara Sesiminas, Orquestra Bachiana Brasileira, entre outras.

o fato de que algumas das obras dessa fase tenham caráter mais comercial, pois as queria interpretadas. As ideias musicais mais sofisticadas, desenvolvidas com base na música dos autores citados, ficariam também presentes em outras peças, porém com menores possibilidades de apresentação. No entanto, algumas das obras mais trabalhadas venceram concursos de composição, tais como a *Fantasieta para Trompa e Piano* (1984), com a qual obteve o primeiro lugar no I Concurso Nacional de Composição para Instrumentos de Sopros[42] (categoria profissional) promovido pela Coomusa (Rio de Janeiro), e o Diploma Alla Terza Lettura no Concurso Internacional de Vercelli, Itália (1984) nesse mesmo ano.

Em 1986 escreveu uma obra para orquestra de câmara e piano baseada em ideais ecológicos, a *Suíte Floral*,[43] vencedora da concorrência da Sala Funarte Sidney Miller-Rio de Janeiro, neste mesmo ano. Nessa obra, o compositor funde diversos gêneros e tendências, tais como o minimalismo, o impressionismo, a aleatoriedade e o "jazz clássico", baseados em algumas linguagens harmônicas, como o cromatismo, o tonalismo

[42] Entre os jurados estavam Guerra-Peixe, Nelson de Macedo e Radamés Gnatalli (com este último compositor, posteriormente, Andersen teve algumas aulas particulares). Curiosamente, o compositor Osvaldo Lacerda também participou deste concurso, que era dividido em duas categorias: música para profissionais e música para amadores (ou estudantes). Lacerda obteve o primeiro lugar na segunda categoria.

[43] Esta música foi composta bem ao estilo pastoral e tenta narrar alguns episódios e aspectos da vida das flores. As tendências são as mais variadas: da música tonal à música aleatória e do jazz ao minimalismo. Podem-se encontrar influências de vários compositores, tais como Beethoven, Rimsky-Korsakov, Maurice Ravel, Villa-Lobos, Astor Piazzola, Claude Bolling e Steve Reich. Estas linguagens foram agrupadas de tal forma que, subjetivamente, sugerem a beleza que as flores espalham pelo mundo. A criação musical reporta a elementos extramusicais que compõem a parte literária da obra: montanhas, vento, cristal, luz, escuridão, aço, sépalas, abelhas e flores. A *Suíte Floral* divide-se em sete movimentos. I – Abertura: como nas Aberturas barrocas do século XVII, esta peça é tratada com dois temas principais: um em andamento lento e de caráter sombrio, que simboliza o mistério e as sombras da noite, e o outro, rápido e brilhante, a energia solar absorvida e transformada. II – Despertar dos Sentidos: o dia amanhece e do alto da montanha os pássaros são chamados. Estes, por sua vez, acordarão os homens levando-os até onde se encontram as flores para que as vejam, toquem e sintam seu perfume. III – A Morte dos Miosótis: uma marcha fúnebre que narra a trágica morte dessas lindas e frágeis florzinhas azuis que foram pisoteadas sem piedade por enormes sapatos de homens inescrupulosos. Esta marcha traduz em sons a oposição entre a beleza e sinceridade das flores e o lado obscuro dos seres humanos. IV – Inflorescências: em botânica, quer dizer: aglomerado ou cacho de flores em um só pedúnculo. Neste movimento, os "cachos florais" são substituídos por acordes de notas dissonantes. V – Insensíveis Sépalas de Aço: na flor, a parte inferior que a sustenta se designa sépala. Sonoramente transmutadas, as sépalas tornam-se insensíveis e de aço quando pinçadas no interior do piano, nos efeitos das cordas do contrabaixo, violino, viola e violoncelo, e nos efeitos metálicos das trompas. Inicia-se aleatoriamente com o piano em "metal". VI – Vento, Pólen e Abelhas: é o movimento que trata da polinização das flores. O vento é representado por *glissandi* do piano e das cordas, o pólen, por um tema levíssimo executado todo em *staccato*, e as abelhas, por um tema melódico característico que se alterna entre o violino, a flauta e o piano. VII – Pétalas de Cristal: descreve, através do minimalismo, um acontecimento mágico, em que todas as flores se transformaram em cristal, ficando com isto repetindo sempre a mesma música, em reação à poluição, descaso e destruição do meio ambiente feita por pessoas e organizações inescrupulosas.

e o modalismo. Aparece, ainda, um texto influenciado pela música programática russa, sugerindo aos ouvintes algumas ideias literárias relativas às flores. A essa fusão de gêneros, linguagens e tendências – também encontrada em outras obras da década de 1990 – o compositor chama de "multiesteticidade".

A música de câmara vocal também marca essa segunda fase, como as peças para voz – sem definição da tessitura – e um instrumento harmônico qualquer.[44] Algumas dessas obras contam apenas com a cifragem da harmonia e possuem uma padronização harmônica, melódica rítmica e estrófica da canção popular, como *Caçador de Estrelas* (1986), sobre poema extraído do livro *Martu* de Elizabeth Hazin[45] –; *Canção I* (1987), sobre poema do poeta andarilho José Enokibara; *Além da* Terra, *Além do Céu* (1988), sobre poema de Carlos Drummond de Andrade. E outras, com influências claras e objetivas do jazz, como *Vocalijazz*[46] nº 1 (1986), e *Vocalijazz* nº 2, 3, 4 e 5 (1987), com versões para trio de jazz, e para coro misto, piano, contrabaixo e bateria.

De 1983 até 1987, durante sua permanência no Rio de Janeiro, dedicou-se a outras atividades musicais, como a criação de grupos especialmente para execução de suas obras, tais como a Orquestra Experimental (Curso de Verão de Teresópolis) e o Septheto. Exerceu também a atividade de intérprete, arranjador e de diretor musical em peças de teatro, em telenovelas na Rede Manchete e em participações na Rede

---

[44] Esta "indefinição" da tessitura vocal, bem como da realização da parte do acompanhamento com indicação apenas da cifragem harmônica, nos remete ao período barroco. Como Minas Gerais foi profícua em composições musicais durante este período, esta afirmação encontra ressonância histórica. Na sequência, uma lista básica de compositores que atuaram neste período no estado de Minas Gerais: Manoel de Oliveira (1723), Manoel Luiz de Araújo d'Costa (1725), Antônio de Souza Lobo (1725-1756), Antônio Alves Nogueira (1728-1730), Bernardo Antônio (1721-1723), Francisco Xavier da Silva (1729), Bernardino de Sene da Silveira (1737-1744), Inácio da Silva Lemos (1737-1762), Antônio Ferreira do Carmo (1738-1747), Caetano Rodrigues da Silva (1739-1783) e Marcelino Almeida Machado (1740-1752), Inácio Parreiras Neves (c. 1730-c. 1794), Francisco Gomes da Rocha (c. 1754-1808), Marcos Coelho Neto (1763-1823), Jerônimo de Souza Lobo (entre c. 1780-1810), José Joaquim Emerico Lobo de Mesquita (1746?-1805), e Manoel Dias de Oliveira (c. 1735-1813).

[45] **Elizabeth de Andrade Lima Hazin** (1951) possui graduação em Letras pela Universidade Federal de Pernambuco (1977), mestrado em Letras (Teoria Literária) pela Universidade Federal de Pernambuco (1983), doutorado em Letras (Literatura Brasileira) pela Universidade de São Paulo (1991), pós-doutorado em Literatura Brasileira pela Università di Roma La Sapienza (1993 e 1994) e pós-doutorado em Literatura Comparada pela USP (2010), junto ao Arquivo Osman Lins do IEB. Atualmente é Professora Associada 3 de Literatura Brasileira da Universidade de Brasília e Pesquisadora com bolsa do CNPq. Coordena o Grupo de Pesquisa Estudos Osmanianos (UnB): arquivo, obra, campo literário. Atua principalmente nas linhas: Teorias do Texto Literário e Estudos Literários Comparados.

[46] Esta série de peças vocais e instrumentais era parte de um projeto maior, que também foi vencedora de uma das concorrências da Sala Funarte Sidney Miller no Rio de Janeiro. Contudo, como esse projeto estava inacabado e não se sustentaria pelo tempo programado de espetáculo, o compositor teve de declinar desta oportunidade. As razões pelo trabalho não ter sido completado a tempo são claras: o regente do coro que iria participar dos espetáculos não quis continuar a ensaiar os "vocalijazzes", pois não tinha certeza se esta proposta iria ser aceita ou não pela FUNARTE. Esta atitude de desconfiança comprometeu sobremaneira o cronograma de composição e consequente produção de todo o projeto.

Globo. Nessa área trabalhou junto aos seguintes diretores e autores: Manuel Puig,[47] Luís Antônio Martinez Corrêa,[48] Marshall Netherland, Bia Lessa, Luís Antônio Barcos,[49] Celina Sodré, Domingos de Oliveira e Flávio Marinho, entre outros. Em 1985, recebe

---

[47] **Manuel Puig** (1932-1990) foi um escritor argentino. A obra de Puig distingue-se pela experimentação. Em 1950 começou a estudar Arquitetura e, em 1951, trocou de curso para Filosofia. Em 1956 fez cursos no Centro Sperimentale di Cinematografia, em Roma. Depois, morou em Londres e Estocolmo, dando aulas de italiano e espanhol enquanto começava a escrever seus roteiros para o cinema. Entre 1961 e 1962 trabalhou como assistente de direção em filmes na Argentina e na Itália. Em 1965 transfere-se para Nova York, onde começou a escrever seu primeiro romance, *A traição de Rita Hayworth*, que ficou aguardando publicação durante três anos, depois de vencer o Concurso Biblioteca Breve, da editora Seix Barral e de ser considerado o Melhor Romance de 1968-1969, pelo jornal francês *Le Monde*. Em 1973 publicou *The Buenos Aires Affair*. Além de ter o romance censurado pelo governo argentino, Puig passou a receber ameaças telefônicas do grupo parapolicial conhecido como Triple A. Na sequência, decide mudar-se para o México, onde termina *O Beijo da Mulher Aranha* em 1976. Em 1981, Puig transfere-se para o Rio de Janeiro e adapta *O Beijo da Mulher Aranha* para o cinema. É principalmente graças a este filme brasileiro de 1985 dirigido por Héctor Babenco que a obra do escritor ganhará notoriedade mundial com a premiação do Oscar de melhor ator em 1985. Na mesma época, escreveu, em língua portuguesa, o musical *Gardel uma lembrança*, que ficou em cartaz durante seis meses no Rio de Janeiro, trabalho em que o compositor Andersen Viana estava inserido como arranjador, intérprete e assistente de direção musical.

[48] **Luís Antônio Martinez Corrêa** (1950 -1987) foi diretor e encenador ligado à releitura de textos dramatúrgicos de autores críticos da sociedade burguesa. Alia a perspectiva épica ao teatro de variedades, em que a música é um dos instrumentos fundamentais da linguagem cênica. Em sua cidade natal – Araraquara – trabalha como ator, diretor, cenógrafo e tradutor no teatro amador. Em 1970, muda-se para São Paulo, onde estreia profissionalmente, em 1972, como ator e assistente de direção em *Gracias, Señor*, criação coletiva, e *As Três Irmãs*, de Anton Tchekhov, ambos no Teatro Oficina, sob a direção de José Celso Martinez Corrêa. Em seguida funda o Grupo Pão e Circo, e realiza sua primeira direção, *O Casamento do Pequeno Burguês*, de Bertolt Brecht, 1972. A encenação lhe vale o Prêmio Revelação da Associação Paulista de Críticos de Artes (APCA). De pesquisas textuais e musicais junto à atriz Annabel Albernaz e o pianista norte-americano Marshall Netherland, nasce uma série de espetáculos: *Theatro Musical Brazileiro – Parte I (1860/1914)*, que lhe rende o Troféu Mambembe de melhor diretor em 1985 (no qual o compositor Andersen Viana estava inserido, fundamentalmente, como intérprete e arranjador, desde o início até o término dessa produção); *Ataca, Felipe!*, de Artur Azevedo, 1986, e *Theatro Musical Brazileiro – Parte II (1914/1945)*, premiado novamente com o Mambembe e, agora também, com o Molière em 1987.

[49] **Luiz Antônio Barcos** (1955-1990) foi pianista, compositor e diretor musical carioca. Destacou-se na condução das composições e arranjos de espetáculos musicais dos anos 80 no Rio de Janeiro. Formou-se em música na Universidade Federal do Rio de Janeiro. Entre 1975 e 1983 dedica-se ao teatro amador criando música para treze espetáculos até passar para o teatro profissional em 1984. A partir daí torna-se um dos mais ativos profissionais do setor. Forma uma sólida parceria com Luís Antônio Martinez Corrêa, que se repete em três espetáculos no ano 1986: *Mahagonny*, de Bertolt Brecht e Kurt Weill; *Ataca, Felipe!*, uma reunião de seis textos de Artur Azevedo; e *Amor por Anexins*, ainda de Artur Azevedo. Faz as músicas e a direção musical do premiado *Bailei na Curva*, do grupo gaúcho Do Jeito que Dá, em 1985. Sua consagração, chancelada com um Prêmio Mambembe, aconteceu em 1987, através das músicas, direção musical e preparação vocal para *Gardel, Uma Lembrança*, de Manuel Puig, em que contou com a fundamental participação do compositor Andersen Viana, que atuou como assistente de direção musical, flautista, violista, revisor das partituras instrumentais e vocais, bem como diretor de gravação em estúdio. Ainda em 1987, Barcos assina as músicas e a direção musical do espetáculo *As Guerras do Alecrim e da Manjerona* de Antônio José da Silva – o Judeu – sob a direção de Bia Lessa, no qual o compositor Andersen Viana atuou como flautista.

da Câmara Municipal do Rio de Janeiro uma moção pelos serviços musicais prestados àquela cidade.

O compositor tocando o piano de Ottorino Respighi. Bolonha, Itália, 1993

No ano 1988,[50] Andersen retornou à sua cidade natal, Belo Horizonte, para retomar a graduação em composição musical na Escola de Música da UFMG, interrompida pelo contrato com a Fundação de Artes do Rio de Janeiro (OSJTM). Em 1989 é aprovado em concurso público como violista da Orquestra Sinfônica de Minas Gerais. Ainda em 1989, recebeu o Scholarship Award da Berklee School of Music em Boston (EUA), na qual estudaria música para cinema; porém, não chegou a fazer a viagem e o curso, devido a problemas de ordem familiar. No ano 1991 trabalhou como maestro-fundador do Coro Pedagógico da Fundação Bem-Estar do Menor de Belo Horizonte e, em 1994, do Coro da Cultura Inglesa, na mesma cidade. Ainda em 1994, fundou um grupo de música barroca chamado Trio Barroco, formado por flauta, oboé e corne inglês (Pierre Descaves) e violoncelo (Antônio Maria Pompeu Viola). Em 1995, organizou um grupo de instrumentistas para interpretar e gravar, em CD, algumas de suas obras. Conhecido como *Orchestra Virtual*,[51] tem no disco o mesmo título.

[50] Data desse ano a composição do projeto Quadros Musicais, escrito para um instrumento solista e outro instrumento harmônico, sem especificação da instrumentação, o que nos remete outra vez ao período barroco.

[51] De caráter multiestético, este primeiro CD é fruto de 20 anos de pesquisas, trabalhos e experiências artísticas. Divide-se em universos sonoros bem distintos e ímpares, interpretados pela Orchestra Virtual. Esta gravação tem como objetivo principal mostrar seis das centenas de obras compostas por Andersen Viana. Propõe ser uma mostra musical com músicas relativas a diversas eras: do Império Romano, passando pela Europa do século XVIII até o Brasil de nossos dias. Obras: *As Sacerdotisas do Templo de Vesta* (1992); *Sinfonietta Classica* (1995); *Guido – um conto infantil* (1993); *Prelúdios Encantados nº 3* (1990) *e Suíte Verde* (1989). Disponível através da gravadora na internet: <http://www.onerpm.com>.

Regente mirim, aluno do compositor. Fundação Bem-Estar do Menor. Belo Horizonte, 1990

Nesse trabalho, cada músico representava um naipe de instrumentos da orquestra sinfônica, e o efeito de *tutti,* Andersen ampliou através dos recursos dos teclados eletrônicos. Em entrevista, ele fala sobre essa nova metodologia de orquestração, realizada devido à impossibilidade financeira[52] de se contratar uma orquestra sinfônica. Tal contexto o levou a atuar neste disco também como flautista, violista, tecladista, percussionista, diretor de gravação, produtor musical e produtor executivo.

A *Fantasieta para Trompa e Piano* (1984), embora composta na segunda fase na década de 1980, é considerada pelo compositor como o início de sua "consciência-desenvolvimento", binômio característico de sua terceira fase. Com essa obra recebeu o 1º Lugar no I Concurso Nacional de Composição (Coomusa-RJ). Nesse período, ele pôde sentir e avaliar com maturidade as consequências da presença indireta de Villa-Lobos em sua vida musical. Apesar de considerá-lo "o gênio brasileiro patrocinado pelo Estado Novo", assim como Carlos Gomes, "o gênio brasileiro patrocinado pelo Segundo Império", a presença do compositor carioca tornou-se importante na formação do repertório da terceira fase. O início da convivência com a música de

[52] As grandes dificuldades para se conseguir patrocínio para a área da música de concerto, e consequentemente contratar bons músicos durante este período, colocou o compositor em uma posição delicada. Isto pode ser observado mais detalhadamente na própria instrumentação e orquestração da *Suíte Floral* (1986). Nessa obra, algumas partes, como Trompa II, Violino II e Violoncelo, são dobradas por vozes internas do piano. Caso não houvesse recursos financeiros suficientes para pagar todos os músicos, poderiam ser retirados esses instrumentos do conjunto sem que a estrutura musical perdesse sentido. Este procedimento não nos parece ser o ideal para o desenvolvimento do processo criativo musical. Contudo, nesse período e no contexto socioeconômico da época, o compositor não teve alternativa, já que, além de tocar flauta, viola e fazer a direção musical do espetáculo, arcava também com a produção musical e executiva. A alternativa criativa para o desenvolvimento da Orchestra Virtual seguiu essa mesma linha. Orçamentos enviados por instituições musicais na época teriam sido cerca de vinte vezes maior do que o valor gasto na produção do disco Orchestra Virtual AV001.

Villa-Lobos se deu na infância, iniciada através de seu pai, e prolonga-se até hoje, principalmente ao constatar sua relação com a proposta antropofágica de Oswald de Andrade. Segundo Neves (1981), tal proposta pressupõe a assimilação, ou vivência dos próprios e diversos focos étnico-culturais, com a finalidade de compor, ou reconstituir, a verdadeira cultura brasileira. Segundo Andersen, nesse sentido, Oswald de Andrade apareceu como o intelectual mais notável ao expressar o nacionalismo brasileiro. Pensando nisto, Andersen também se considera um antropofágico, através de sua compreensão das várias matrizes formadoras da cultura brasileira,[53] propiciando ricas e diversas informações para a elaboração de uma obra de arte com identidade nacional, procurando, ao mesmo tempo, uma multiculturalidade artística que pudesse ser compreendida universalmente. Os parâmetros nacionalistas do início do século XX até o final da década de 1950, como o estilo panfletário da época de Mário de Andrade (Neves, 1981) e o apelo romântico de Villa-Lobos e Camargo Guarnieri (1907-1993) (Neves, 1981), influenciariam diretamente Andersen Viana.

Em Viana, esse nacionalismo passa por um processo de amadurecimento desde sua segunda fase, e o auge do estilo coincide com o começo da década de 1990, na terceira fase. Nesse período, as obras sinfônicas, e até mesmo as escritas para grandes conjuntos, já se aproximavam das camerísticas em termos de qualidade. Como exemplos, temos: *Suíte Verde para Orquestra de Câmara, Variações Sinfônicas para Orquestra Sinfônica, Xingu (poema sinfônico-ecológico) para Orquestra Sinfônica*; *Fruta no Pé para Orquestra Sinfônica e Coro Infantil*; *As sacerdotisas do Templo de Vesta para Orquestra Sinfônica e Instrumentos Antigos*;[54] *Suíte de Canções Infantis Brasileiras para Orquestra de Cordas; As Aventuras de Reiner Hoffman no País do Cauim*[55] *para Orquestra de Câmara; Guido (um conto infantil) para Orquestra de Câmara, Coeviacá (o mensageiro do fogo-poema fantástico) para Orquestra Sinfônica;*

[53] Essa diversidade ainda é mal-entendida e mal interpretada por parte da intelectualidade europeia. Segundo o próprio compositor, os italianos, por exemplo, dizem que esta diversidade da cultura brasileira faz com que o Brasil não tenha uma cultura própria. Isso apenas demonstra uma limitação de entendimento, e mesmo inveja e xenofobia. Curioso isto, pois os países membros ratificaram a Convenção sobre a Proteção e Promoção da Diversidade das Expressões Culturais, tratado celebrado na Conferência Geral da Organização das Nações Unidas para a Educação, a Ciência e a Cultura (UNESCO), em Paris em 20 de outubro de 2005. O texto desse tratado reforça os conceitos apresentados na Declaração Universal sobre Diversidade Cultural, a qual trata a diversidade cultural como patrimônio da humanidade. Entre os objetivos do tratado estão a proteção e a promoção da diversidade cultural; o incentivo ao diálogo entre as culturas; o reconhecimento da cultura para o desenvolvimento de todos os países; e a reafirmação do direito soberano de os Estados conservarem, adotarem e implementarem as políticas e as medidas que considerem necessárias para a promoção e a proteção da diversidade cultural. A convenção foi ratificada por 67 países e pelo bloco da União Europeia (UE). Os Estados Unidos e Israel votaram contra a convenção.

[54] Estes instrumentos antigos criaram uma "outra partitura" dentro da partitura orquestral. São eles: crótalos antigos, flautas doce sopranino, soprano (I e II) e alto, krumhorns e gemshorn tenor.

[55] Esta obra possui a seguinte instrumentação: flauta em G, clarineta em Bb, xilofone, celesta, dois pianos, violino I, violino II, viola, violoncelo e contrabaixo. Existe também na versão para voz de soprano e orquestra de câmara.

Sinfonia nº 1 (Micro-Symphony), para Orquestra Sinfônica, Juão-do-Mato (Ópera Folk) em um ato, *para Orquestra de Câmara, Solistas, Atores, Coro e Balé* (libreto do compositor); *Sinfonia nº 3* (Terra Brasilis) *para Orquestra Sinfônica; Sinfonia Ameríndia para Orquestra de Cordas; Amazônicas nº 1 para Quarteto de Cordas e Flauta de Bambu; Ad.libitum, A Lenda de Tamacavi para Coro Misto* a Cappella; *Momentos Amazônicos,*[56] *Quarteto de Cordas*[57] *nº 3 e Música Ocasional II para Narrador, Flautim, Flauta, Viola e Percussão sobre poemas de Márcia Theóphilo,*[58] com quem realizou recitais em Roma, atuando também como compositor, flautista e violista. Podemos observar que, em diversos títulos e estéticas utilizadas pelo compositor, a temática neonacionalista se expressa claramente.

Nessa terceira fase, o aproveitamento e a rotatividade de materiais composicionais de uma peça para outra se torna frequente e maduro. No *Quarteto de Cordas nº 2* (1990), por exemplo, Andersen utilizou algumas ideias de obras da década de 1980, como a *Suíte Floral* (1986). Por sua vez, esse mesmo *Quarteto* influenciou na composição da *Sonata para Contrabaixo e Piano* (1996), objeto de estudo dessa pesquisa. Por

[56] Obra escrita para quarteto vocal (S, A, BB, B), flautas (C e G), violoncelo, piano e percussão e executada no Festival de Música de Poços de Caldas, MG, no ano 1992. O resultado da execução pública desta obra foi uma bolsa de estudos para especialização em composição musical nos cursos de verão da Arts Academy of Rome, Itália.

[57] Este quarteto de cordas é dividido em quatro movimentos distintos e traz o texto ecológico nº 1 (em português, francês e inglês), de autoria do próprio compositor.

[58] **Márcia Theóphilo** (1941) nasceu em Fortaleza, CE. Estudou no Brasil e na Itália, onde se doutorou em Antropologia. Toda a sua obra literária se inspira na Floresta Amazônica, seus povos, seus animais, suas árvores, seus mitos, e à denúncia da sua destruição e ao empenho de salvar o patrimônio natural e cultural da floresta. Não por acaso escolheu ser poeta e antropóloga. De 1968 a 1971 trabalha no jornalismo cultural e em crítica de arte em São Paulo, desenvolvendo uma colaboração com artistas plásticos como Maria Bonomi, Saverio Castellani, Tomie Otake, Otavio Araújo, entre outros. Em 1972, Márcia Theóphilo deixa o Brasil subtraindo-se, com o exílio, à repressão de uma ditadura militar que impedia a liberdade de seus estudos e escritos. Nesse mesmo ano conhece em Roma o poeta brasileiro Murilo Mendes, sendo apresentado por ele ao poeta espanhol Rafael Alberti, com o qual estabelece uma importante parceria. Tem participado de grandes encontros internacionais, entre os quais Poetry International (Roterdã, 1977), Convenção Internacional de Poesia (Struga, ex-Iugoslávia, 1978), Congresso de Escritores Europeus (Firenze, 1978), entre outros. De 1973 a 1979 publica na Itália os livros de poesia: *Somos pensamento, Basta que falem as vozes*, e *Canções de Outono*; os ensaios "Massacre dos índios no Brasil de hoje" e "Os índios do Brasil", e a peça teatral *Arapuca*. Participa também do Encontro Nacional de Poesia (São Paulo, 1979), bem como de inúmeros recitais de poesia, como: o Encontro com a poesia Brasileira (Roma, 1983), o Festival Internacional de Poetas da Praça de Siena (Roma, 1983 e 1984), o Festival de Literatura do Jardim Botânico (Roma, 1988) e a manifestação poética da Biblioteca Central de Roma Vozes de Vida (1989). Entre 1983 e 1991 publica os livros de poesia: *Catuetê Curupira* que vence o prêmio Minerva (1983), e *O Rio, o pássaro, as nuvens*, e a peça teatral *Diga para eles que foi Dulce quem mandou*. Desde 1991 até 2003 publica os livros de poesia: *Eu canto a Amazônia*, que recebe o prêmio Città di Roma 1992, *Os meninos jaguar*, patrocinado pelo WWF Itália, que vence o Prêmio Fregene (1996), *Kupahúba – Árvore do Espírito Santo*, editado por Tallone, que vence prêmio Sant Egidio (2000), *Floresta meu dicionário*, que vence o Premio Nazionale Histonium (2003) e o prêmio Parco Nazionale della Majella no mesmo ano. Recebe também os prêmios Nuove Scrittrici (1997), Carsulae (2001) e F.I.Te.l Naziolale dos sindicatos CGIL-CISL-UIL(2002) pela carreira. Desde 2009 é Membro Honorário da Accademia Mondiale della Poesia. Márcia Theóphilo faz parte da lista de candidatura ao Prêmio Nobel.

último, essa mesma *Sonata* possui relação com seus últimos trabalhos, tais como a *Sinfonia nº 3* (Terra Brasilis); a *Suíte Marília de Dirceu* – música do filme longa metragem *Corações Ardentes* –, em que o herói no filme caracteriza-se musicalmente através de um dos temas da *Suíte*, que pertence também ao tema principal do rondó do último movimento da *Sonata para Contrabaixo e Piano*; e principalmente, *Hybridus*[59] (2004) *para Orquestra Sinfônica*, em que o compositor utiliza um movimento inteiro da *Sonata para Contrabaixo e Piano*, bem como de outras obras anteriores, ampliando-as para a paleta orquestral.

Elementos sonoros e rítmicos da *Sonata para Contrabaixo e Piano* são encontrados ainda na *Fantasieta*[60] *para Contrabaixo Solo* (2008); na *Fantasia Brasileira para Grupo de Câmara* (2009); na *Fantasia Concertante para Orquestra Sinfônica* (2013); e na *Sonata*[61] *para Trompete e Piano* (2013), em que podemos observar células, motivos, períodos e estruturas inteiras que são intercambiadas em diversas obras de maneira intensiva formando o que o compositor chama "hibridismo". Portanto, na década de noventa a relação entre suas obras tornou-se mais evidente, demonstrando uma conexão entre os variados tipos de estruturas harmônicas, rítmicas contrapontísticas e temáticas no contexto de seu repertório. Essa constatação aponta para a afirmação de sua personalidade como compositor, e confirma sua fase de "consciência-desenvolvimento".

Algumas das obras da década de 1990 também obtiveram prêmios em concursos de composição, como aconteceu na década de 1980. Em 1992, de posse do diploma de graduação em composição pela UFMG, participou de um curso de composição da Arts Academy of Rome com o italiano Luca Salvadori, no Curso Internacional de Verão de Poços de Caldas, cidade do estado de Minas Gerais. Nessa ocasião pôde apresentar e reger algumas de suas obras, como *Momentos Amazônicos* (para Quarteto Vocal, Flauta Indígena, Flauta – em Dó e Sol –, Violoncelo, Piano e Percussão), obtendo o Premio di Studio da Arts Academy of Rome (Itália). Com o prêmio, participou do Festival de Anzio, Itália, em 1993. Durante sua estada naquele país conseguiu outra premiação na área da composição, o Premio di Studio IILA (Istituto Italo-Latino Americano di Roma), concorrendo com artistas de vinte e três países da América-Latina. Esta premiação contemplava também um estágio na Accademia Chigiana di Siena (Itália) no curso de música para cinema. No âmbito dessa academia, frequentou palestras e aulas sobre cinema e música com Ennio Morricone, Giuseppe Tornatore, Ettore Scola, Armando Trovaioli, entre outros.

---

[59] Esta obra foi premiada com o primeiro lugar no II Concurso Nacional de Composição Gilberto Mendes no ano 2004.

[60] A obra *Fantasieta para Contrabaixo Solo* faz parte de uma série de pequenas fantasias dedicadas aos mais diversos tipos de instrumentos em que as possibilidades musicais e técnicas são utilizadas no máximo da expressão de cada um deles. Este projeto continua sendo executado tendo como última obra a *Fantasieta para Clarineta Baixo Solo* (2014).

[61] Obra encomendada pelo Professor Doutor Heinz Karl Novaes Schwebel e dedicada ao mesmo.

O resultado dos estudos sobre composição musical para cinema viria depois, em 1999, quando criou algumas trilhas sonoras: *A Cartomante*[62] *(Pequena Suíte)* para Saxofone Soprano, Saxofone Alto, Violoncelo, Percussão e Sintetizador, para o filme homônimo de Cláudio Costa Val; a já citada *Suíte Marília de Dirceu*, para o filme *Corações Ardentes*, do cineasta Raimundo Evans; e, finalmente, a trilha sonora para o filme *3:00 AM*, do cineasta Sérgio Gomes, na qual utilizou trechos da *Sinfonia Ameríndia para Orquestra de Cordas*, e da *Toccata para Banda Sinfônica*, através da edição digitalizada em computador com efeitos sonoros diversos e sons de animais como os sons emitidos pelas baleias. Nesse mesmo ano, escreveu a ópera-teatro musical *Juão-do-Mato*, de cunho folclórico. Escrita em um ato, possui a seguinte formação: Conjunto de câmara, Solistas, Atores, Coro e Balé. O libreto foi criado pelo próprio compositor, tendo como referência a tese de doutorado do professor Romeu Sabará.[63]

Ainda na Itália, nos anos 1992 e 1993, realizou outros trabalhos musicais, além da composição. Em Roma, por exemplo, recebeu um convite para criar e dirigir o Coro do Centro de Estudos da Embaixada do Brasil em Roma (Coro CEB).[64] Em outro país, Honduras, recebeu um diploma do governo em reconhecimento por sua contribuição musical àquele país, onde ministrou aulas para músicos das orquestras e escolas de música, e também atuou como violista.

Dirigindo o Coro do Centro de Estudos Brasileiros da Embaixada do Brasil. Roma, 1993

[62] A parte de teclados eletrônicos desta composição foi realizada apenas pela mão esquerda do compositor, já que no ano anterior (1998) ele sofreu atropelamento que inviabilizou o seu trabalho como músico profissional. O mesmo processo (de utilização apenas da mão esquerda) foi feito no CD *Sinfonia 2* (Curral D'El Rey) em sua totalidade.

[63] *A Comunidade dos Arturos – Drama de um Campesinato Negro no Brasil*, USP, 1998.

[64] Este coro – único no gênero na Europa – era dedicado apenas à música brasileira. Até 2015 ainda se encontra em atividade, com modificações em sua gestão a partir do período inicial, 1992, e o momento. Outros regentes sucederam o compositor. Contudo, o grupo atualmente se chama Aquarela do Brasil e é dirigido atualmente por Giorgio Monari (musicólogo e músico, professor de disciplinas musicais na l'Università degli Studi di Roma "La Sapienza"). Em outubro de 2008, num período de expansão das atividades dos Centros de Estudos mantidos pelas Embaixadas e Consulados do Brasil no exterior, o CEB passou a chamar-se Centro Cultural Brasil-Itália.

Mais três obras ganharam prêmios de composição na década de 1990. A *Sonata para Contrabaixo e Piano* (1996) recebeu o primeiro lugar no II Concurso Nacional de Composição para Contrabaixo (UFMG-ABC) promovido pela Associação Brasileira de Contrabaixistas e pela UFMG, na cidade de Belo Horizonte, no ano 1996. A segunda, *Toccata para Banda Sinfônica* (1998), recebeu, nesse mesmo ano, o primeiro lugar no I Concurso César Guerra-Peixe de Composição para Banda Sinfônica (FUNARJ). A terceira, *Sinfonia Ameríndia*[65] (1998), recebeu o segundo lugar no II Concurso de Composição Camargo Guarnieri para Orquestra de Cordas (1998), promovido pela Orquestra Sinfônica da Universidade de São Paulo (OSUSP).

O compositor e a Ministra da Cultura de Honduras com o LP *Instrumental de Casaca*. Tegucigalpa, 1992

Um traço importante no início da terceira fase – a linguagem eletrônica e a posterior linguagem digitalizada – ainda marca a carreira do compositor. As criações com teclado/sintetizador, tais como o Yamaha DX7, iniciaram-se a partir de seu contato com estes instrumentos (raros e caros na época), junto ao compositor e diretor musical Luís Antônio Barcos ainda na cidade do Rio de Janeiro (1983-1988), e, posteriormente, junto ao grupo de rock progressivo Sagrado Coração da Terra. Este grupo utiliza os teclados eletrônicos como base instrumental, e o próprio Andersen adquiriu um desses instrumentos. Os seis *Prelúdios Encantados para Sintetizador Solo* (1990), e a série de composições para sintetizador pertencentes ao projeto Paisagem Lunar, *Moonscape* (1996), tais como: *Overture, Adagio Lunar, Invenção Espacial Alpha, Invenção Espacial Beta, Invenção Espacial Ômega, Experimento I, Experimento II, Experimento III, Experimento IV, Tenochtitlan*, e *Vida, Morte e Transfiguração de um Gato* marcam bem esse lado de Andersen.

---

[65] Esta Sinfonia para orquestra de cordas também faz parte do projeto Hibridismo e se relaciona diretamente com o *Quarteto de Cordas nº 3* e seus respectivos movimentos; além de estar conectada também à recente obra do compositor intitulada por *Paisagens Sonoras* (*Soundscapes*), escrita para piano expandido, percussão e cordas (2014); uma alusão ao trabalho do teórico, ecologista, pedagogo e compositor canadense R. Murray Schafer.

Em 1996, a convite do Royal College of Music de Estocolmo,[66] Andersen mudou-se para a Suécia, onde, além do treinamento em sofisticados *softwares* e *hardwares* musicais, procurou trabalhar como compositor e instrumentista. Na cidade de Estocolmo, organizou o conjunto de câmara Stockholm Nonet. Nesse grupo, dirigiu a interpretação da sua *Suíte Floral* (1986), gravando em sistema *DAT* (*Digital Audio Tape*) um dos movimentos dessa suíte. Participou como flautista do Three-Sweden (Flauta, Voz e Guitarra), e do The Duo (junto ao guitarrista de jazz e produtor musical Fredrik Forsell), realizando algumas apresentações na capital sueca, interpretando música brasileira e internacional. Apesar das inúmeras tentativas de inserir seu trabalho de compositor em um pequeno mercado juntamente com diversas instituições locais – inclusive com rara apresentação oficial por parte da Embaixada do Brasil nessa época –, seus esforços foram bastante diminuídos por ter encontrado uma sociedade altamente excludente, xenófoba e preconceituosa. Isso fez com que o compositor, passo a passo, se concentrasse nos parcos treinamentos recebidos naquela academia.

Em 1999 termina um de seus maiores trabalhos em extensão, a *Sinfonia nº 2*, intitulada *Curral D'El Rey*. Compôs e produziu esta obra através de um contrato no ano 1997, com o patrocínio da Lei Municipal de Incentivo à Cultura de Belo Horizonte.

Realizou os esboços de dois movimentos desta sinfonia ainda na Suécia, onde morou durante o período de 1996-1997. O contrato tinha um prazo estipulado para a entrega do trabalho, mas, no dia 4 de dezembro de 1998, já de volta ao Brasil, Andersen sofre um grave atropelamento. Trafegando de bicicleta perto de sua residência, um carro avança a faixa e o sinal de PARE. Sua mão e o braço direito foram rasgados pelos vidros do farol do carro. Os tendões, músculos e pele foram quase que totalmente lesados. Na tentativa de superar os danos físicos, morais e emocionais, no quarto dia, logo após a primeira cirurgia, inicia novo aprendizado de escrever com a mão esquerda, de acordo com o que podemos observar em peça gráfica no interior do CD *Sinfonia 2*, que consta do Exemplo 8.

---

[66] **Lars-Erik Rosell** (1944-2005), compositor, organista e professor sueco; foi quem convidou o compositor Andersen Viana para fazer um estágio nessa prestigiosa instituição musical durante o ano acadêmico de 1996-1997. Rosell foi organista do colégio real de música em Estocolmo durante 1962-1968, e estudou composição com Ingvar Lidholm (1968-1971). Foi professor de contraponto e composição no Royal College of Music de Estocolmo de 1973 até sua morte. Teve influências do compositor húngaro György Ligeti, bem como dos americanos Morton Feldman e Terry Riley, os quais também lecionaram naquela instituição.

Exemplo 8

Tema gerador da *Sinfonia 2 (Curral D'El Rey)*. Manuscrito escrito apenas com a mão esquerda em bloco de anotações comum. Belo Horizonte, 1998

Com dificuldade, auxiliado por um computador em sua casa e apenas com a mão esquerda, continuava o processo de composição da *Sinfonia nº 2*. Com esse esforço físico e psicológico, ainda nos meses subsequentes ao acidente, entregou a obra gravada à Fundação Municipal de Cultura de Belo Horizonte com apenas um mês de atraso.

Essa sinfonia se caracteriza pela linguagem da música programática[67] e pelo uso do tonalismo, modalismo e música eletrônica. Narra quatro grandes etapas da história da cidade de Belo Horizonte, antiga Curral D'El Rey: "O Princípio", "Curral D'El Rey, "A Criação" e "O Futuro"". Para cada macrosseção desta sinfonia, o compositor utilizou textos descritivos, criando duas séries de quatro movimentos e duas séries de três movimentos diferenciados, totalizando quatorze movimentos: I – Meio Ambiente, II – Os Animais, III – Os Nômades, IV – Cachoeiras, Rios e Riachos; V – Os Exploradores, VI – A Primeira Canção, VII – As Tropas, VIII – O Arraial; IX – A Construção, X – Teatro Soucasseaux, XI – Maturidade; XII – Transição, XIII – Máquinas Pensantes e XIV – Mundo Digital. Propõe ser uma "sinfonia aberta", na qual são utilizados instrumentos eletrônicos (teclados e samplers), até flauta de bambu,

[67] Música programática, música de programa ou música descritiva é a música que tem por objetivo evocar ideias ou imagens extramusicais na mente do ouvinte, representando musicalmente uma cena, história, imagem ou estado de ânimo. Sua antítese – a música absoluta – é aquela que se aprecia por si mesma, sem nenhuma referência particular ao mundo exterior à própria música. O termo "música programática" é aplicado exclusivamente na tradição da música clássica europeia, em particular na música do período romântico do século XIX, durante o qual o conceito teve grande popularidade, chegando a converter-se numa forma musical autônoma, apesar de antes já existirem peças de carácter descritivo. Habitualmente o termo é reservado para as obras puramente orquestrais. A *Sinfonia 2* teve como uma das referências, *a Eine Alpensinfonie* (Uma Sinfonia Alpina) Op. 64 do compositor alemão Richard Strauss (1864-1949), a qual possui vinte e três movimentos diferenciados. O programa literário ilustra uma excursão de um dia subindo os Alpes Bávaros, recordando uma escalada realizada pelo próprio compositor. A música cumpre um programa narrado pelo compositor: neste caso, a subida a um pico do Alpes Bávaros e o retorno ao vale. Uma execução típica dura em torno de quarenta e cinco minutos. A *Sinfonia 2* de Andersen Viana possui quatorze movimentos e dura cerca de sessenta e cinco minutos.

viola caipira e banda de música. Contou com a participação especial de Watson Clis (Violoncelo), Roberto Corrêa (Viola Caipira) e Alexandre Guerra (Saxofone e co-produção musical). As consequências físicas do acidente impedem-no, até os dias de hoje, de tocar profissionalmente flauta, viola e teclados. No entanto, utiliza diversos *softwares* e *hardwares*, bem como a mão esquerda para trabalhar suas composições. Essa impossibilidade motora o levou a desenvolver também outras atividades como ensino, produções audiovisuais, projetos culturais diversos (nos quais funde música e outras artes). Obteve também o título de Doutor em Música pela Universidade Federal da Bahia em 2010.

O compositor em 1990

Nota-se um amadurecimento musical, artístico e intelectual, principalmente no estilo sinfônico, com a *Sinfonia nº 3* com o subtítulo de *Terra Brasilis*;[68] *Praeludium et Fuga*

[68] Esta sinfonia foi composta em homenagem aos 500 anos do descobrimento do Brasil. Em 1º de Junho de 2011, o maestro gaúcho Cláudio Ribeiro (1958) escreve ao compositor: "Caríssimo Andersen, sua *Sinfonia nº 3* foi aplaudida de pé, com gritos de bravo ecoando por todo o teatro! Arrasador!!! Alguém comentou comigo: 'dá pra imaginar um concerto só de música contemporânea com tanto sucesso, depois de anos e anos de programação conservadora?' E é verdade! A orquestra gostou muito da obra e senti que baixou um 'espírito tribal' muito forte durante a dança do segundo movimento... Entramos em transe em conjunto. Foi uma experiência transcendental! Fico muito feliz de poder ter sido um veículo deste momento de construção. E que muitas oportunidades como esta se multipliquem através dos tempos para sua obra! A TVE local registrou o evento. Vou tentar com a Ospa conseguir o *tape*. Acho que o balanço de tudo foi extremamente positivo! Assim, companheiro, estendo-lhe meus cumprimentos! Quem sabe na próxima vez você estará ao vivo! Abraço muito fraterno do Cláudio Ribeiro".

9900 para Orquestra (2000); *Sinfonia nº 4 (JK) para Orquestra Sinfônica, Coro Misto, Narrador e CD Áudio Pré-Gravado* com texto de Renato Martins (2001); *Peça de Concerto*[69] *"in blue" para Violino e Orquestra Sinfônica* (2002); *Hybridus para Orquestra Sinfônica* (2004); as recriações sobre a obra de J. S. Bach, *Fuga II* (do Teclado Bem-Temperado) *para Orquestra Sinfônica Jovem e Coro Misto Opcional* (2004); *Fuga VI* (do Teclado Bem-Temperado) *para Orquestra Sinfônica Jovem e Coro Misto Opcional* (2004); *Fuga VII* (do Teclado Bem-Temperado) *para Orquestra Sinfônica Jovem e Coro Misto Opcional* (2004); *Fuga XVI* (do Teclado Bem-Temperado) *para Orquestra Sinfônica Jovem e Coro Misto Opcional* (2004); *Mínima Música para Orquestra Sinfônica* (2004); *Sonho da Floresta Tropical para Contrabaixo-Narrador, Sons Eletrônicos e Orquestra* (2004); *A Cigarra e a Orquestra*[70] (uma fábula musical) *para Narradora-Cantora e Orquestra com Texto do Compositor* (2006); *Cinemúsica nº 1 para Orquestra de Câmara* (2007); *Cinemúsica nº 2 para Orquestra de Câmara* (2007); *Suíte Latino-Americana para Orquestra Sinfônica* (2007); *Suíte de Canções Infantis Brasileiras para Orquestra de Câmara e Coro Infantil Opcional* (2008); *Katharsis I para Orquestra* (2008); *Katharsis II para Grupo de Câmara* (2008); *Fantasia Brasileira para Grupo de Câmara* (2009); *Katharsis III para Orquestra Sinfônica* (2009); *Suíte Europa para Orquestra de Câmara* (2010); *Katharsis IV para Orquestra de Câmara* (2013); *Fantasia Concertante para Orquestra Sinfônica* (2013); *Os Anjos (The Angels) para Orquestra de Sopros* (2013) e *Paisagens Sonoras (Soundscapes) para Piano Expandido, Percussão I e II, e Cordas* (2013), *Fanfarra para um Homem Solitário para Banda Sinfônica* (2014) e *Suíte Renascentista para Orquestra de Cordas* (2014).

---

[69] Esta obra foi gravada pela Moravska Filarmonie sob a regência do compositor e recebeu o primeiro lugar no Concurso Internacional de Composição Susanville Symphony Orchestra nos Estados unidos em 2012.

[70] *A Cigarra e a Orquestra* apresenta os principais instrumentos musicais de uma orquestra de forma lúdica, como personagens de uma fábula, narrada por uma atriz-cantora. Os primeiros textos que geraram esta obra foram escritos em 1992. Houve uma preocupação e um cuidado em se fazer a obra com coerência entre texto e música. Além disto, a estrutura lítero-musical foi pensada para que pudesse ser analisada didaticamente. Finalmente, em 2006, a obra foi concluída. A longa espera também se deveu ao fato de *A Cigarra e a Orquestra* ter como antecessoras: *Pedro e o Lobo* de Sergei Prokofiev, *Guia Orquestral para a Juventude* de Benjamin Britten e *O Carnaval dos Animais* de Camile Saint-Saëns, o que por si já era um grande desafio. *A Cigarra e a Orquestra* tem recebido estímulo e apoio de organismos públicos e privados de fomento. A obra tem despertado interesse, inclusive, de profissionais e instituições internacionais. Podemos citar a Universidade de Pavia na Itália, onde a obra se insere no contexto psicanalítico, naquilo a professora Bernadette Biaggi denomina Etnopsicanálise (disciplina científica que conjuga Antropologia e Psicanálise). Poderíamos mencionar a Professora Doutora Sandra Loureiro de Freitas Reis, que escreveu texto sobre a obra pouco antes de falecer, no ano 2008: "*A Cigarra e a Orquestra* é um trabalho de grande riqueza. O texto, o roteiro, a música e a produção, elaborados por Andersen Viana num trabalho didático primoroso com uma pequena orquestra, retratam as possibilidades e dificuldades materiais de nossa realidade educacional. No entanto, demonstra que muito pode ser feito com poucos e modestos meios quando se tem imaginação, conhecimento e capacidade criadora. Vislumbro um valor na obra não apenas sob o ponto de vista pedagógico. Sob este ângulo, mereceria constar, por indicação do Ministério da Educação, do *curriculum* de todas as escolas públicas – ensino básico, fundamental e superior – visto que as reflexões cabíveis no campo da apreciação musical podem ser realizadas sob a perspectiva dos vários níveis de consciência, desde o mais elementar até a pós-graduação."

Andersen enfatiza as dificuldades de execução de alguns desses trabalhos. Por se tratar de obras de grande instrumentação, não comerciais e desconhecidas do público, realmente, as possibilidades são poucas. Entretanto, para não deixar de apresentá-las e registrá-las em disco, começou a utilizar o método criado em 1995, e se observa que a maior parte dos instrumentos aparece sequenciada.[71] Com esse tipo de recurso (iniciado com o projeto do CD *Orchestra Virtual*), juntamente com instrumentos acústicos, tornam-se possíveis a audição pública e a produção fonográfica da maior parte do repertório atual.

O compositor no ano 2000

[71] Em linguagem musical-eletrônica, significa gravar a parte de cada instrumento através de um teclado eletrônico, com timbre o mais aproximado possível.

Um dos processos criativos musicais utilizados pelo compositor, hoje abandonado

Nessa última fase como compositor, podemos falar sobre um amadurecimento maior em relação ao uso de linguagens harmônicas e rítmicas, bem como do serialismo, o uso da indeterminação, da improvisação, e do uso sistemático da técnica do "tocado-cantado",[72] desenvolvida pelo compositor na década de 1980. A presença de tais

[72] Esta técnica foi desenvolvida pelo compositor em seu *Balé Pantomima* (Ying e Yang) para orquestra sinfônica, escrito na década de 1980. Transforma os músicos também em cantores (amadores), criando

procedimentos deveu-se, também, às influências de compositores do passado. Segundo o compositor, "a música não tem qualquer barreira. Pode-se ir do regional até o universal. O importante é que se utilize, preferencialmente, a razão e a intuição conjuntamente" (VIANA, 2000). Podemos constatar, o que é confirmado pelo compositor Andersen Viana, a influência do pensamento composicional de Gesualdo da Venosa, Johann Sebastian Bach, Arcangelo Corelli, Antonio Vivaldi, Wolfang Amadeus Mozart, Joseph Haydn, Ludwig van Beethoven, Johannes Brahms, Georges Bizet, Pietro Mascagni, Ruggero Leoncavallo, Giacomo Puccini, Richard Wagner, Richard Strauss, Rimsky-Korsakov, Aleksandr Glazunov, Aleksandr Borodin, Modest Mussorgsky, Serguei Prokofiev, Gustav Holst, Edvard Grieg, Isaac Albéniz, Manuel de Falla, Carlos Gomes, Heitor Villa-Lobos, Claudio Santoro, César Guerra-Peixe, Radamés Gnatalli, Francisco Mignone, Pixinguinha, Benedito Lacerda, Garoto, Antônio Carlos Jobim, Claude Debussy, Maurice Ravel, Erik Satie, Florent Schmitt, Igor Stravinsky, Béla Bartók, Arnold Schoenberg, Alban Berg, Anton Webern, Krzysztof Penderecki, Karlheinz Stockhausen, Aaron Copland, John Cage, Witold Lutosławski, Toru Takemitsu, Steve Reich, Claude Bolling, Astor Piazzolla, George Gershwin, Miles Davis, Bill Evans, Chet Baker, Max Steiner, Alfred Newman, Miklós Rózsa, Nino Rota, John Willians, Hans Zimmer, Claude-Michel Schönberg e Andrew Lloyd Weber.

Na *Sonata para Contrabaixo e Piano,* Andersen se aproxima dos compositores brasileiros neoclássicos, neorromânticos e neonacionalistas. Esse tipo de classificação se atribui àqueles em que o resgate do nacionalismo, da modalidade, da tonalidade, da polifonia e das formas torna-se constante.

O compositor com a Camerata Primavera, levando música às cidades do interior do país em 2002

simultaneamente uma arquitetura sonora instrumental e vocal complexa, contudo sem utilização de um coro formal. Isso pode também ser observado em peças de câmara e orquestra escritas posteriormente, tais como o *Quarteto de Cordas nº 2*, a *Fantasieta para Contrabaixo Solo*, a *Fantasia Brasileira para Grupo de Câmara*, e na *Fantasia Concertante para Orquestra Sinfônica*.

O compositor regendo suas obras com a Orquestra Sinfônica
Russa Estatal de Cinema em Moscou, 2007

O compositor e o pianista Eduardo Hazan, parceiro de longa data. São Paulo, 2006

O compositor regendo sua fábula musical educativa
A Cigarra e a Orquestra. Belo Horizonte, 2008

O compositor e seu pai: último evento público conjunto no Auditório do IESP-MG. Belo Horizonte, 2003

Estilo composicional

Para melhor caracterizar o estilo composicional de Andersen Viana utilizado na *Sonata para Contrabaixo e Piano*, cabe lembrar algumas correntes estéticas musicais importantes do século XX, como o nacionalismo, o neoclassicismo e o neorromantismo.

Segundo Palisca (1993), o nacionalismo surgiu no século XIX na Europa, no contexto político da unificação da Alemanha e Itália. Numa primeira fase, os compositores desses países usavam elementos das canções e danças regionais de maneira estilizada, vistas sempre como exóticas. Na segunda fase, de acordo com Massin (1997), houve uma reação contra as padronizações desses conceitos estéticos e formais da Alemanha e Itália, os quais ameaçavam a liberdade e a criatividade musical de países como Rússia, Polônia, Espanha e Hungria.

No Brasil, o movimento nacionalista iniciou-se no final do século XIX e começo do XX, ganhando força ao se aliar a um importante aspecto político: a reação contra o poder imperial e a estética europeia por ele representada. Tal atitude subversiva tinha o objetivo de fortalecer o surgimento da república, representando os ideais de independência, liberdade e valorização da cultura e da estética nacional. Por outro lado, Mariz (1983) afirma que o movimento tinha pouca aceitação em uma sociedade ainda dependente dos gostos e modismos europeus.[73] No entanto, a valorização da cultura local levou os compositores a resgatarem elementos da música de tradição oral (folclore) e da música popular, através de melodias e harmonias modais – do mesmo modo que os nacionalistas europeus – e no ritmo, evidenciavam as síncopes das canções e danças brasileiras.

Já os seguidores da corrente neoclássica valorizam principalmente as formas, as quais ganham novos tratamentos, juntamente com ênfase nas questões rítmicas, instrumentais, harmônicas e polifônicas. Segundo Magnani (1989), o neoclassicismo surgiu como opção estética ao dodecafonismo no começo do século XX. Esse último, na época – e até hoje –,

[73] Vale a pena recordar que a peça *A Cayumba* do compositor Carlos Gomes foi a primeira dança negra do repertório pianístico, e data do ano 1857. Contudo, Brasílio Itiberê (1846-1913) – diplomata e músico – é considerado um dos precursores do nacionalismo, tendo sido um dos primeiros a se inspirar em motivos populares e a imprimir à sua obra características nitidamente brasileiras. Compôs música de câmara e coral, além de peças para piano. A sua composição mais conhecida é, sem dúvida, *A Sertaneja*. Composta em 1862, é considerada pela maioria dos pesquisadores como a primeira obra nacionalista.

pouco compreendido ou assimilado pelo público em geral. Na corrente neoclássica, Igor Stravinsky, como principal precursor, revitalizou as formas renascentistas, barrocas, clássicas e mesmo românticas, com uma linguagem nova, principalmente através dos esquemas politonais e polirrítmicos. Outros compositores seguiram esse caminho, como Paul Hindemith, Artur Honegger, Francis Poulenc e Darius Milhaud.

O neorromantismo, embora derivado do neoclassicismo, caracteriza-se como uma corrente mais eclética. Alguns autores do final do século XX, como Tacuchian (1998), analisam as duas correntes conjuntamente.

> O movimento neoclássico, hoje, predominante no panorama musical brasileiro, ora apresenta um marcado traço nacionalista, ora um marcado traço pós-romântico, além de outra versão mais eclética. Este "novo" neoclassicismo de fim de século reassume a estrutura temática ou motívica da melodia, os centros tonais, as texturas harmônicas e polifônicas e a comunicação mais imediata com o ouvinte medianamente treinado com a música de concerto tradicional. Dentro de uma variada gama de tendências, o músico neoclássico, às vezes, incorpora elementos nacionais ou regionais ainda que sublimados, numa tentativa de afirmação da nacionalidade; outras vezes, adota um comportamento pós-romântico, isto é, uma linguagem mais retórica, de forte expressão individual, apelo colorístico da orquestração, com generosas passagens melódicas e rítmicas bem definidas, num tonalismo cromático com harmonia triádicas e funcional ou quase funcional; por fim, há compositores neoclássicos com uma linguagem altamente técnica, profundo respeito pelas formas aparentadas com aquelas da tradição clássica (a sonata, a sinfonia), embora explorem materiais tonais e harmônicos próprios do século XX: são os neoclássicos com feição eclética (TACUCHIAN, 1998).

Embora a análise de Tacuchian tenha relação com o contexto da música brasileira do século XX, ela abrange a realidade de outros países. Com base nos conceitos dessas correntes estéticas, podemos observar a relação com a maior parte daqueles compositores europeus citados como neoclássicos, pelos quais Andersen Viana, segundo sua biografia, sempre teve predileção. No entanto, seu estilo composicional integra-se também ao neonacionalismo e ao neorromantismo. Como o neoclassicismo possui uma abrangência maior, comparado às outras duas, vejamos ainda a referência de outros autores e a conexão dessa tendência com uma pequena parte do repertório do compositor.

Boulez (1995), a princípio irônico frente à tendência neoclássica, salienta a característica nostálgica e o pretenso retorno à música pura por parte desses compositores. Critica o novo tratamento dado à polifonia pelos neoclássicos, lembrando o perigo de tal saudosismo, ausente de evolução e sentido histórico. Nessa linha de pensamento, ele se lembra do tratamento moderno concedido à polifonia modal e à criação de novas concepções harmônico-tonais, por parte de J. S. Bach (1665-1750). Seguindo tal evolução, Arnold Schoenberg (1874-1951) absorveu essa linguagem tonal já esgotada, transformando-a no atonalismo e, depois, no dodecafonismo. Porém, torna-se impossível negar a construção de uma escola e seus seguidores, através de compositores neoclássicos, como Béla Bartók (1881-1945) e Paul Hindemith. Nesse momento, Boulez relativiza a questão, dizendo não se tratar de opor as duas correntes, pois os neoclássicos se baseiam na estética da reconstituição, e os dodecafônicos, numa estética da evolução dialética. Para ele, os neoclássicos permanecem reinventando, enquanto os dodecafônicos, sempre criando.

As ironias e as afirmações de Boulez carecem de certa ponderação, visto as inovações no tratamento composicional por parte dos neoclássicos, como as orquestrações e instrumentações – através de pesquisas de timbres e efeitos sonoros – de polifonia e harmonia tonal/modal, assim como as novas versões das formas musicais. Consequentemente, criaram uma linguagem e estilo próprios, ainda marcantes na música do século XX.

Em parte das obras de Andersen Viana, podemos observar esse tratamento, através do uso constante das formas barrocas, clássicas e românticas, como suítes, fugas, tocatas, sonatas, concertos, prelúdios, fantasias, quartetos, etc. Em alguns casos aparecem estruturas polifônicas com caráter modal (ou polimodal) e tonal (ou politonal). Com base no conceito de Magnani (1989) de revitalização das formas do passado, e nesta análise, já podemos aproximar parte da obra de Andersen Viana dos compositores neoclássicos. Porém, resta analisar outros aspectos da composição musical para maior precisão da contextualização.

Retomando Boulez (1995), ele cita Stravinsky como o maior representante da corrente neoclássica. Apesar de o compositor russo nunca romper com a tonalidade na maioria de suas obras, ele inovou as estruturas diatônicas e rítmicas. Com relação à métrica, destacou-se sobremaneira na exploração e na relativização da quadratura das fórmulas de compasso. Como veremos mais adiante, Andersen Viana também insiste na estrutura diatônica em muitas de suas composições. O cromatismo, tal qual o desenvolvido por românticos, como Richard Wagner (1813-1883) e Johannes Brahms (1833-1897), aparece em Andersen como uma característica pós-romântica. No entanto, tal tratamento sempre ocorreu no âmbito melódico, ou na relação com harmonias tonais/modais, mas raramente dentro de uma concepção wagneriana. Devido ao pouco uso, torna-se secundário em seu repertório. O ritmo em Andersen Viana, assim como em Stravinsky, tem valor e presença marcantes, principalmente nos acentos, evidenciando as síncopes e a quebra da quadratura do compasso. A alternância dos numeradores de compasso, no sentido de também deslocar a métrica, aparece com menos constância do que em Stravinsky.

Exemplo 9

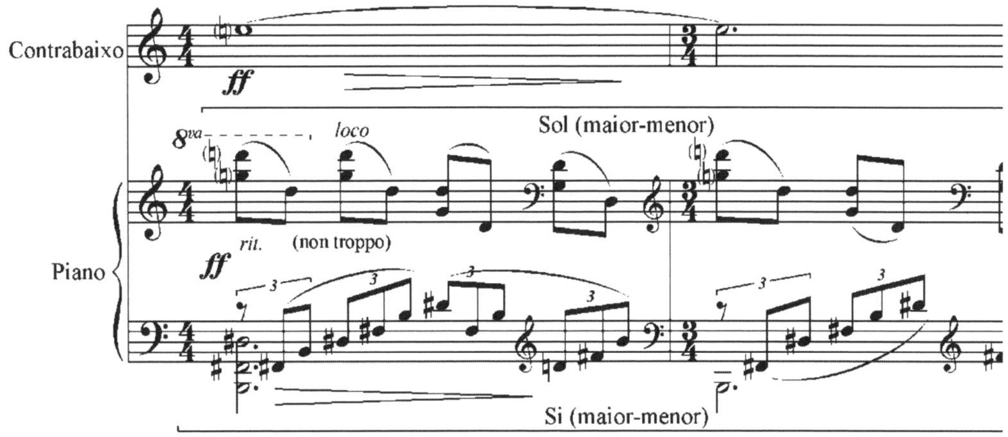

Sonata para Contrabaixo e Piano de Andersen Viana – Movimento I, compassos 90 e 91; estrutura politonal

Verificada, a princípio, a proximidade de Andersen Viana com o estilo neoclássico, tentemos comprová-la em algumas de suas obras, por meio da comparação e verificação da repetição, ou constância, de alguns dos elementos musicais típicos dessa tendência. Podemos, portanto, realizar correlações de tais aspectos nas estruturas melódicas, rítmicas e harmônicas, come explicitado na citação de Tacuchian (1998), através de algumas obras de câmara do compositor. O emprego desses elementos, com intenções ou em um contexto nacionalista, como também sugere a citação, pode confirmar a tendência neoclássica em parte de suas obras.

Entre inúmeros trabalhos do compositor, escolhemos duas obras de câmara para relacioná-la especificamente com a *Sonata para Contrabaixo e Piano* (1996): a *Sonata para Flauta e Piano* (1988) e o *Quarteto de Cordas nº 2* (1990). Alguns elementos e estrutura desenvolvidos na primeira obra reaparecem e se transformam nas outras duas. A primeira, a *Sonata para Flauta e Piano*, foi escrita em uma época de muita prática de flauta transversal, quando ele se interessava também pela linguagem de câmara de outros instrumentos de sopro. A predileção pela música camerística o levou a pesquisar e criar peças para piano, normalmente o instrumento acompanhante, ou interativo, junto a outro numa sonata ou peça de câmara. Dessa maneira, em 1988, ano de composição da *Sonata para Flauta e Piano*, escreveu quatro peças para piano solo: *Fuga nº 1 em Fá Menor; Fuga nº 2 em Mi Bemol Maior; Fuga nº 3 em Sol Maior* e *Quatro Peças New Age*. Pensando no piano conjuntamente com um instrumento solo, compôs também o *Preludio e Allegro para Violino e Piano*. Escreveu nesse mesmo ano, duas peças para voz solo e instrumento harmônico: *Além da Terra, Além do Céu* (sobre poema de Carlos Drummond de Andrade); e *Caçador de Estrelas* (do livro *Martu*, sobre poema de Elizabeth Hazin, 1986); todas as duas para voz sem definição de registro.

Ainda em 1988, escreveu algumas peças de câmara para outros instrumentos de sopro, no entanto, a *Sonata para Flauta e Piano*, em termos de similaridade das estruturas musicais, tornou-se próxima da *Sonata para Contrabaixo e Piano*. Mesmo escrita em um único movimento,[74] a estrutura ternária A-B-A' aparece no contexto de toda a obra. Relacionando-a com a *Sonata para Contrabaixo e Piano*, temos, por exemplo, no compasso 17 (em forma de *cadenza*), a flauta realizando uma sequência descendente através do intervalo de quarta justa, de acordo com o que podemos observar no Exemplo 10. No caso da *Sonata para Contrabaixo e Piano*, tal intervalo se estrutura também do ponto de vista melódico no Movimento I, compassos 1-3, na voz do contrabaixo, o que pode ser constatado através do Exemplo 11.

Exemplo 10

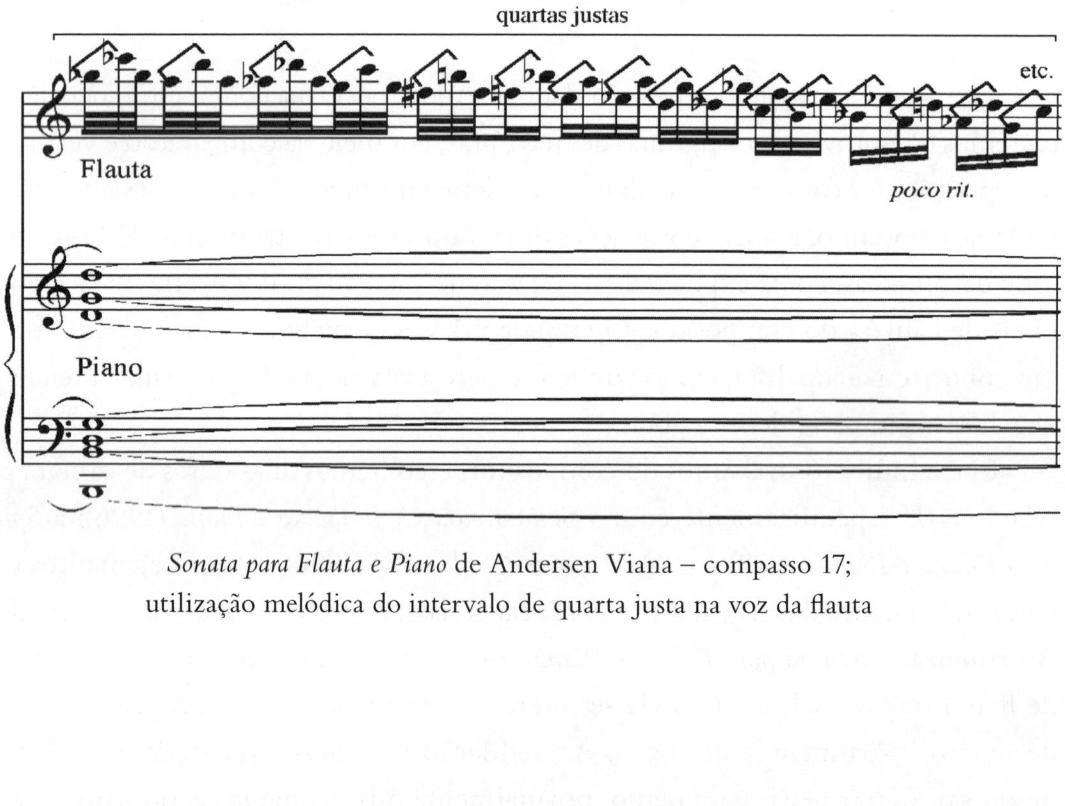

Sonata para Flauta e Piano de Andersen Viana – compasso 17; utilização melódica do intervalo de quarta justa na voz da flauta

[74] Dessa maneira, ao citar trechos da *Sonata para Flauta e Piano*, aparecerão apenas os números de compassos, sem menção ao movimento.

Exemplo 11

Sonata para Contrabaixo e Piano de Andersen Viana – Movimento I, compasso 1-3; utilização melódica do intervalo de quarta justa na voz do contrabaixo[75]

Além da constância no uso do intervalo melódico de quarta justa, aparecem também nas obras de Andersen Viana os acordes com quartas justas agregadas. Esse tipo de estrutura harmônica começou a aparecer através do compositor russo Alexander Scriabin[76] (1872-1915), quando idealizou um acorde com cinco quartas superpostas, conhecido por "acorde místico" (Grove, 1980), de acordo com o que podemos constatar no Exemplo 12.

Exemplo 12

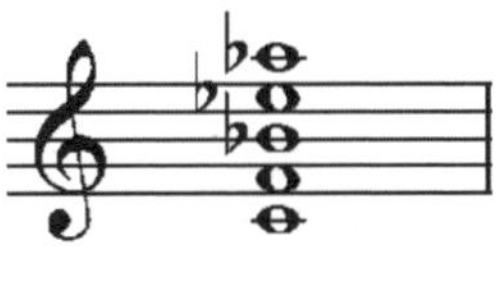

[75] Os exemplos musicais que se seguem têm, na parte do contrabaixo, a afinação para instrumento solo, ou seja, as notas escritas soam uma sétima menor inferior. Portanto, a afinação das quatro cordas solo é: A-E-B-F#, em vez da afinação tradicional, ou afinação de orquestra: G-D-A-E.

[76] **Alexander Nikolayevich Scriabin** (1872-1915) foi um compositor e pianista russo nascido em Moscou. Suas principais influências foram Frederic Chopin e Richard Wagner. Scriabin foi um dos mais inovadores e mais controversos compositores modernos. Desde cedo começa os seus estudos musicais com Nikolay Zverev, na altura mestre de Sergei Rachmaninoff e de outros talentos. Scriabin ingressa posteriormente no Conservatório de Moscou, estudando com Anton Arensky, Sergei Taneyev e Vasily Ilyich Safonov, demonstrando na altura um assinalável talento como pianista. A escrita de Scriabin terá as suas primeiras influências na música do romantismo tardio, especialmente no estilo de Chopin. Posteriormente inspirado pelos impressionistas, pelo cromatismo de Liszt e Wagner, Scriabin foi personalizando e evoluindo o seu vocabulário musical, evolução que podemos seguir através das suas dez sonatas, das quais as últimas cinco dispensam já as armações de clave e revelam passagens claramente atonais. A harmonia convencional é substituída por sistemas de acordes construídos sobre intervalos invulgares, preferencialmente quartas, e a articulação é dissolvida, tomando muitas vezes uma forma de som em massa, em que os vários acontecimentos se cruzam. As suas composições mais célebres são duas obras orquestrais, o *Poema do Êxtase* (1908) e *Prometeu* (1910), peças em que pretendia suscitar no público uma espécie de êxtase místico, fortalecendo a interpretação com efeitos de iluminação nas salas de concertos. Em algumas obras, como *Prometeu: Poema do Fogo* (1913), o compositor utiliza jogos de cores, fazendo experiências com a sinestesia na relação de música e cores.

De acordo com Boulez (1995), as quartas superpostas também se tornaram muito comuns nas obras de Béla Bartók, compositor considerado integrante da tendência neoclássica. Outro procedimento comum em Bartók, a dissonância do intervalo de segundas, provoca um efeito de "quase *cluster*" no conjunto de um acorde. Segundo Grout e Palisca (1997), tais estruturas marcam o estilo do compositor húngaro.

No caso de Andersen Viana, a superposição de quartas justas pode gerar acordes com sétima menor, como no Movimento I, compassos 5-6, da *Sonata para Contrabaixo e Piano*, de acordo com o que podemos visualizar no Exemplo 13. Nos compassos 38-39 da *Sonata para Flauta e Piano*, aparece o mesmo tipo de superposição, porém, resultando em quartas aumentadas e sétimas maiores, o que pode ser comprovado através do Exemplo 14. Com relação a Bartók, no *Allegro Pizzicato* do *Quarteto nº 4* surgem dois acordes com dissonâncias do intervalo de segunda maior, provocando um efeito de "quase *cluster*", como o exemplificado no Exemplo 15. Encontramos o mesmo resultado na voz do piano, no Mov. II, compassos 1-2, da *Sonata para Contrabaixo e Piano* de Andersen Viana, de acordo com o Exemplo 16. No compasso 1, o intervalo de segunda menor, provocado pelas notas Si e Dó, aparece duas vezes na relação de oitava, originando um acorde de nona menor: Lá (mão esquerda), Dó, Mi (sem o Sol), Si – e, consequentemente, o efeito de "quase *cluster*". No compasso 2, o mesmo acontece com a segunda menor Fá e Mi, e a nona menor Ré (mão esquerda), Fá, Lá (sem o Dó), Mi. Na *Sonata para Flauta e Piano*, ele cria a mesma estrutura no compasso 110, porém, com segundas maiores, sem o intervalo de nona e com a relação de três oitavas entre eles.

Exemplo 13

Sonata para Contrabaixo e Piano de Andersen Viana – Movimento I, compassos 5-6; superposição de quartas justas na mão direita do piano, gerando acordes com intervalos de sétima menor

Exemplo 14

Sonata para Flauta e Piano de Andersen Viana – compassos 38-39; superposição de quartas aumentadas na mão direita do piano, gerando acordes com intervalos de sétima maior

Exemplo 15

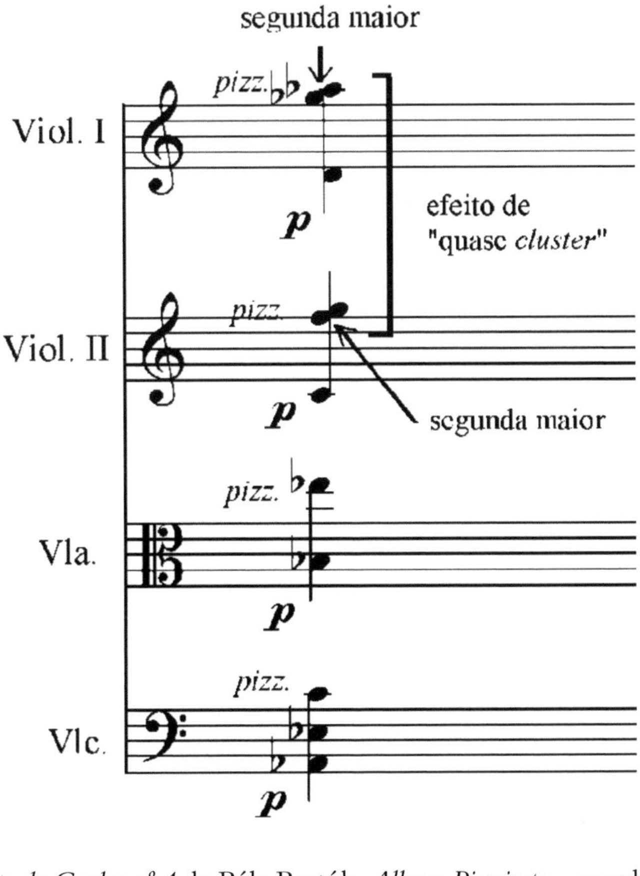

Quarteto de Cordas nº 4 de Béla Bartók, *Allegro Pizzicato* – acordes com segundas maiores formando um "quase *cluster*"

Exemplo 16

Sonata para Contrabaixo e Piano de Andersen Viana – Movimento II, compassos 1-2; acordes com segundas menores e nona maior, formando um "quase *cluster*" na parte de piano

Exemplo 17

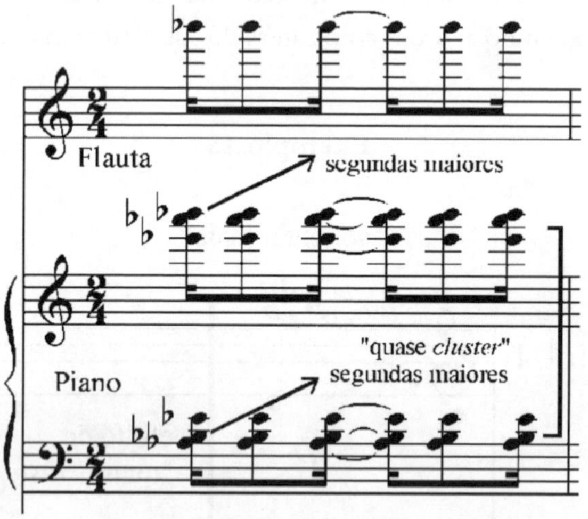

Sonata para Flauta e Piano de Andersen Viana – compasso 110; acordes com segundas maiores, formando um "quase *cluster*" nas duas partes do piano

Lembrando novamente Stravinsky, como um dos maiores representantes da tendência neoclássica, destacou-se na inovação do uso percussivo das estruturas harmônicas através de blocos de acordes. Esse recurso percussivo se baseia na articulação curta (*staccato*) e com acento de blocos acordais dissonantes, gerando pontuações rítmicas agressivas e ásperas. Barraud (1983), através de uma passagem das cordas em "Os Augúrios Primaveris", da *Sagração da Primavera*, explica a intenção de Stravinsky: "O que o autor deseja é um efeito de percussão obtido por um ataque incansavelmente repetido de todo o quarteto de cordas... Esta sucessão de impactos é reforçada de quando em quando por acentuações muito violentas [...]"

Por muitas vezes, a bitonalidade permanece como base harmônica dos blocos percussivos de Stravinsky, visto as possibilidades dissonantes do ataque simultâneo de duas estruturas acordais. Em outras ocasiões, podemos observar a mesma intenção através da articulação curta de notas ou acordes, independente de um contexto bitonal. Barraud (1983) novamente analisa a relação harmônica com a questão percussiva na mesma obra de Stravisnky: "o acorde que nos lança bruscamente no trecho intitulado 'Os Augúrios Primaveris' [...] De fato, é a soma de dois acordes muito simples [...] Dissemos que esta harmonia de base é feita de dois acordes tendo cada um uma orientação determinada, mas uma não é igual à outra". Em Andersen Viana, assim como em Stravinsky e Bartók, tal tipo de efeito aparece como recurso nas frases e seções rítmicas, através da dissonância dos acordes com intervalos de quartas e segundas, e, outras vezes, nas passagens bitonais (ou politonais). Nos dois casos articula-se com *staccato* e acento. Na *Sonata para Flauta e Piano*, o piano provoca esse efeito com as duas mãos, nos compassos 38-39. Na mão direita temos as quartas justas agregadas e, na mão esquerda, a nota Dó, juntamente com o Ré da flauta. Embora distantes por algumas oitavas, evidenciam um intervalo dissonante de segunda maior (Exemplo 18). Na *Sonata para Contrabaixo e Piano,* no Mov. I, compassos 1-3 (vide parte do piano no Exemplo 23), podemos observar o acorde da mão esquerda do piano com todas as notas em sustenido e um intervalo de nona nas extremas, enquanto a mão direita possui a mesma estrutura acordal, com todas as notas naturais, caracterizando uma estrutura bitonal.

Exemplo 18

Sonata para Flauta e Piano de Andersen Viana – compassos 38-39;
efeito percussivo obtido com as vozes do piano e da flauta

Nas obras para instrumentos de cordas, encontramos outro efeito percussivo no uso das cordas duplas, também articuladas em *staccato* e com acento. Na *Sonata para Contrabaixo e Piano*, o contrabaixo percute o intervalo de quinta justa, no Mov. III compassos 11-12 (Exemplo 19). A flauta, como geralmente não pode realizar um acorde[77]

[77] O compositor Andersen Viana relata que, quando esteve em Moscou no ano 2007, regendo e gravando suas obras com a The Russian State Symphony Cinema Orchestra, teve amostras de "acordes de três sons" emitidos pelo flautista russo **Ilya Lundin**, que seria algo produzido com dedilhados especiais

– ou duas notas ao mesmo tempo –, produz a mesma ideia quando articulada em *staccato* e com acento, juntamente com outro instrumento. No caso, ela aparece com o piano, no trecho já citado da *Sonata para Flauta e Piano* (Exemplo 18).

Exemplo 19

Sonata para Contrabaixo e Piano – Mov. III, de Andersen Viana, compassos 11-12; efeito percussivo explicitado na voz do contrabaixo

As síncopes, expressas em agrupamentos e células rítmicas, surgem como outra correlação das duas obras de Andersen Viana. Articulados por blocos de acordes, ou acordes em forma de arpejo, aparecem de forma padrão em algumas danças afro-brasileiras. Na *Sonata para Contrabaixo e Piano*, Mov. I, compassos 11-12, o contrabaixo e o piano realizam um grupo de síncopes em forma acordal, o qual, segundo o compositor (VIANA, 1996), "evoca uma pulsação rítmica de origem africana trasladada para o Brasil" (Exemplo 20). Tal aspecto rítmico – também resultando percussivamente – e a afirmação do compositor sugerem um discreto traço nacionalista, característica de alguns compositores neoclássicos. Como citado em sua biografia, não tem o caráter político de Mário de Andrade, nem o folclórico de Heitor Villa-Lobos e Camargo Guarnieri. Podemos, assim, considerar que parte da obra do compositor Andersen Viana se insere também em um neonacionalismo. Na *Sonata para Flauta e Piano*, encontramos um padrão rítmico com síncope na sequência dos compassos 45-106, realizado através de dois acordes arpejados (mão esquerda e mão direita do piano), formando terças paralelas, embora a nota mais grave, Mi bemol, apareça uma oitava abaixo (Exemplo 21).

e posição dos lábios, conjuntamente. Isto é conhecido também como "sons multifônicos", sendo algo absolutamente raro na flauta, mas que já possui alguma literatura específica e alguns flautistas excepcionais que conseguem este fantástico efeito.

Exemplo 20

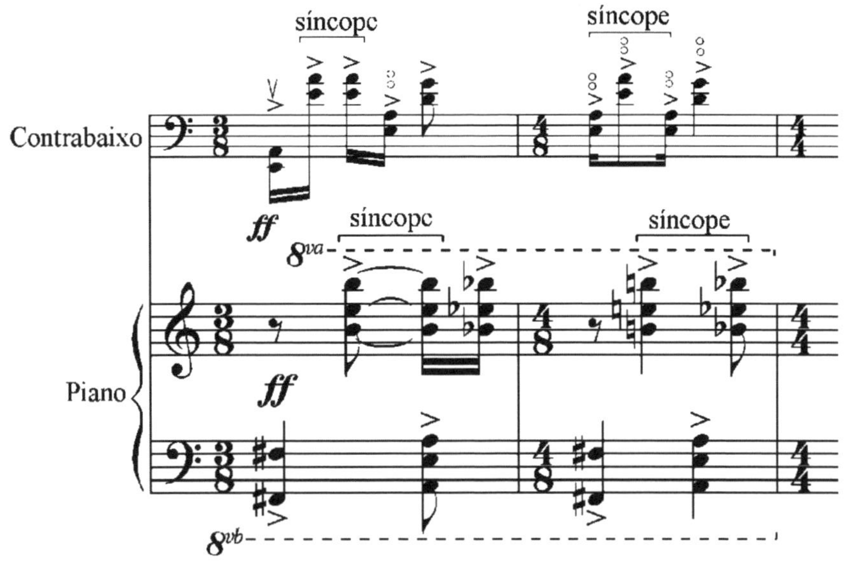

Sonata para Contrabaixo e Piano de Andersen Viana – Mov. I, compassos 11-12; ritmos sincopados em forma de acordes nas vozes do piano e do contrabaixo, respectivamente

Exemplo 21

Sonata para Flauta e Piano de Andersen Viana – compassos 50-53; ritmos sincopados em forma de acordes arpejados nas duas mãos do piano

O uso do *glissando* no piano aparece como outro elemento musical coincidente nas duas obras. Na *Sonata para Flauta e Piano,* acontece de forma ascendente e na mão direita do piano, nos compassos 138-139, como podemos constatar através do Exemplo 22, na *Sonata para Contrabaixo e Piano,* no Mov. I, compasso 3, na mão esquerda, e no Mov. III, compassos 51-52, na mão direita (Exemplos 23 e 24). Ao usar o *glissando* no piano, o compositor teve a intenção de realizar um efeito tímbrico, comum aos neorromânticos. Tacuchian (1998) explica o uso desse elemento: "[...] o músico neoclássico [...] outras vezes, adota um comportamento pós-romântico, isto é, uma linguagem mais retórica, de forte expressão individual, apelo colorístico da orquestração [...]".

Exemplo 22

Sonata para Flauta e Piano de Andersen Viana – compassos 138-139; *glissando* na mão direita do piano

Exemplo 23

Sonata para Contrabaixo e Piano de Andersen Viana – Mov. I, compasso 3, *glissando* na voz do piano

Exemplo 24

Sonata para Contrabaixo e Piano de Andersen Viana – Mov. III, compassos 51-52; *glissando* na mão direita do piano

Finalmente, temos na *Sonata para Flauta e Piano*, nos compassos 212-213, um trinado antecedido por *appoggiatura* e realizado pelo instrumento solo, no caso, a flauta (Exemplo 25). Encontramos uma estrutura semelhante na *Sonata para Contrabaixo e Piano*, também através do instrumento solo, no caso, o contrabaixo, no Mov. I, compassos 26-27 (Exemplo 26). Tal elemento, como no caso anterior, ao ser utilizado com a intenção de fornecer um colorido diferenciado ou ornamento, pode ser analisado como um elo entre as duas sonatas.

Exemplo 25

Sonata para Flauta e Piano de Andersen Viana – compassos 212-213; trinado antecedido por uma *appoggiatura* realizado pelo instrumento solo

Exemplo 26

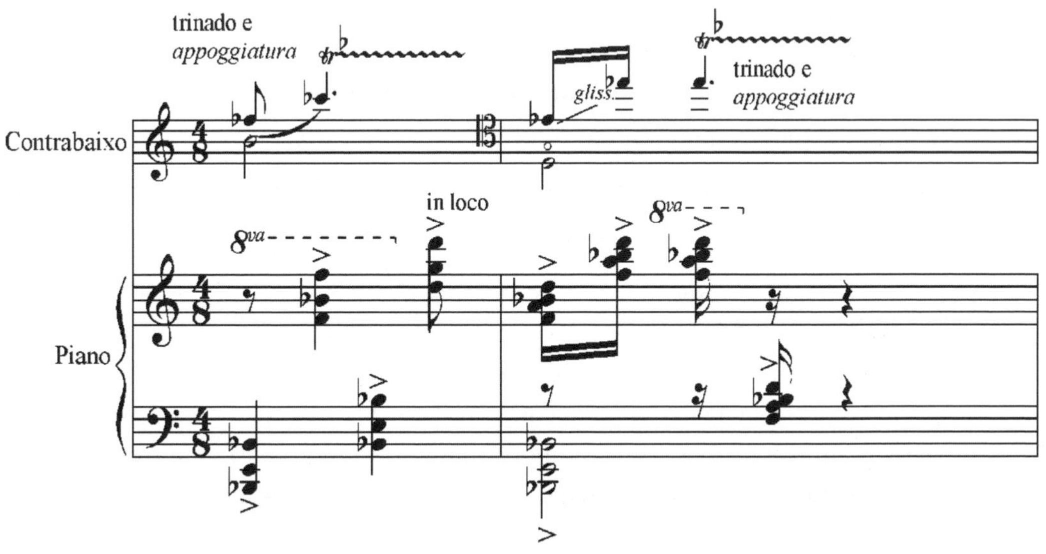

Sonata para Contrabaixo e Piano de Andersen Viana – Mov. I, compassos 26-27; trinado antecedido por uma *appoggiatura*, realizado pelo instrumento solista

Como já afirmado, outra obra, o *Quarteto de Cordas nº 2* de Andersen Viana se assemelha – do ponto de vista dos elementos composicionais – com a *Sonata para Contrabaixo e Piano*. No Mov. I, compassos 22-23, o compositor explora também a linguagem percussiva, com os quatro instrumentos de cordas formando um bloco de acorde com um total cromático de doze notas. Quando articulado de forma curta, como sugerem as colcheias, e com efeito de cordas triplas, resulta em um *cluster* percussivo. Com arcada notada para baixo, tal arco nos quatro instrumentos demonstra essa intenção (Exemplo 27).

Exemplo 27

Quarteto de Cordas nº 2 de Andersen Viana – Mov. I, compassos 22-23;
efeito percussivo realizado pelos quatro instrumentos

O uso percussivo dos instrumentos de cordas tornou-se comum nas obras de Bartók. Grout e Palisca (1997) salientam a maneira criativa e inovadora na utilização do arco e dos *pizzicati* nas cordas por parte do compositor húngaro. A utilização, por exemplo, de cordas duplas; de *glissandi*; de diversos tipos de *pizzicati*;[78] e o uso do arco *Col Legno* se destacam como principais recursos adotados. Boulez (1995) confirma essa criatividade de Bartók no uso das cordas:

> No que diz respeito à instrumentação, Bartók sempre escreveu admiravelmente para piano [...] e para cordas também. Para as cordas, sabe utilizar todos os efeitos próprios desses instrumentos, como os "Col Legno", os "Pizzicati" que percutem o braço, os jogos entre cavalete e braço, e saber dosar admiravelmente a mistura dessas diversas sonoridades. O arco reencontra um frescor e mesmo uma agressividade de ataque que o faz perder a concepção romântica.

[78] O principal exemplo, o *pizzicato* Bartók, articula-se puxando a corda no sentido vertical e soltando-a logo em seguida, resultando em um som característico da batida da corda no espelho.

Andersen Viana utiliza, entre outras possibilidades, os efeitos bartokianos nas cordas, na *Sonata para Contrabaixo*, no *Quarteto de Cordas nº 2*, na obra *Quattuor*, na *Sinfonia Ameríndia*, bem como em outras obras de seu vasto repertório para instrumentos de cordas. No caso do *Quarteto de Cordas nº 2*, temos como exemplo o uso do *glissando* em cordas duplas com o arco, na voz da viola, Mov. I, compasso 3 (Exemplo 28), aparecendo também em outros trechos desse movimento e do Mov. III, na voz dos outros instrumentos. Na *Sonata*, o mesmo tipo de *glissando* encontra-se no Mov. I; com arco no compasso 60, ou com *pizzicato*, no compasso 147 (Exemplos 29 e 30).

Exemplo 28

Quarteto de Cordas nº 2 de Andersen Viana – Mov. I, compasso 3;
glissando em cordas duplas na voz da viola

Exemplo 29

Sonata para Contrabaixo e Piano de Andersen Viana – Mov. I;
glissando com arco na voz do contrabaixo

Exemplo 30

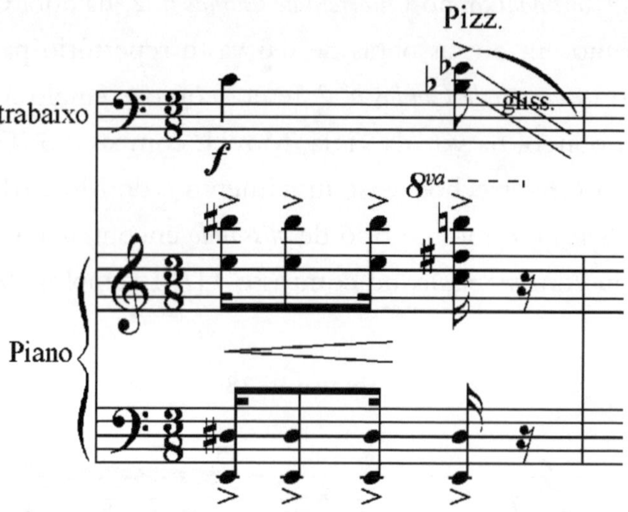

Sonata para Contrabaixo e Piano de Andersen Viana – Mov. I, compasso 147; *glissando* com *pizzicato*

Ainda com relação ao uso do *pizzicato*, quando articulado simultaneamente com o arco, surgem dois timbres diferentes no mesmo instrumento, caracterizando uma linguagem híbrida.[79] Com o polegar da própria mão esquerda, articula-se um *pizzicato* em corda solta, enquanto uma nota presa permanece com o arco. No *Quarteto de Cordas nº 2*, isto aparece no Mov. I, compasso 79, na voz do segundo violino (Exemplo 31). Na *Sonata para Contrabaixo e Piano*, o compositor explora a mesma ideia numa longa sequência nos compassos 45-49, 51, 53-54 do Mov. I (Exemplo 32). Na *Sonata*, estrutura-se politonalmente durante onze compassos, e exige capacidade física e técnica do

[79] Esta palavra tem uma concepção completamente diferente na obra musical de Andersen Viana. O hibridismo de Andersen Viana consiste em um procedimento composicional da utilização expressiva de motivos, frases, períodos e até de movimentos inteiros, encontrados em diversas obras escritas no passado pelo compositor, na geração de uma nova obra musical. Esta utilização pode ser mínima, parcial ou integral, podendo ser modificada e reestruturada em um novo plano composicional ou não, gerando uma nova obra "híbrida" de elementos constitutivos de outras, com novos elementos ou não, gerando uma sensação de pertencimento auditivo conceitual de até décadas. Isto pode ser encontrado em diversos compositores desde Bach até o presente; contudo, o compositor levou este processo composicional até o seu limite máximo, utilizando elementos de diversas obras de maneira integrada. Este procedimento está sendo utilizado pelo compositor desde o ano 1986 até o presente. Exemplificando, temos a premiada obra *Hybridus para Orquestra Sinfônica* (2004), que foi criada por Andersen Viana a partir deste conceito de síntese de processos composicionais utilizados em seu trabalho de criação musical. Desenvolvida a partir do conceito de hibridismo, nesta obra o compositor estabelece alguns parâmetros pouco convencionais no âmbito sinfônico, como a utilização de facões na seção da percussão, em que os percussionistas devem usar este instrumento de trabalho tal como um instrumento musical, tirando fogo ao toque destas ferramentas, incluindo a *performance* de faíscas ao sentido musical sinfônico. A *Sonata para Contrabaixo e Piano* foi utilizada para a composição de *Hybridus,* sendo mesmo uma ampliação sinfônica dessa obra.

contrabaixista durante a *performance*. O fato de Andersen Viana trabalhar mais apuradamente esse recurso na *Sonata para Contrabaixo e Piano* – obra posterior ao *Quarteto de Cordas nº 2* – demonstra um desenvolvimento de seu estilo no trato com os instrumentos de cordas.

Exemplo 31

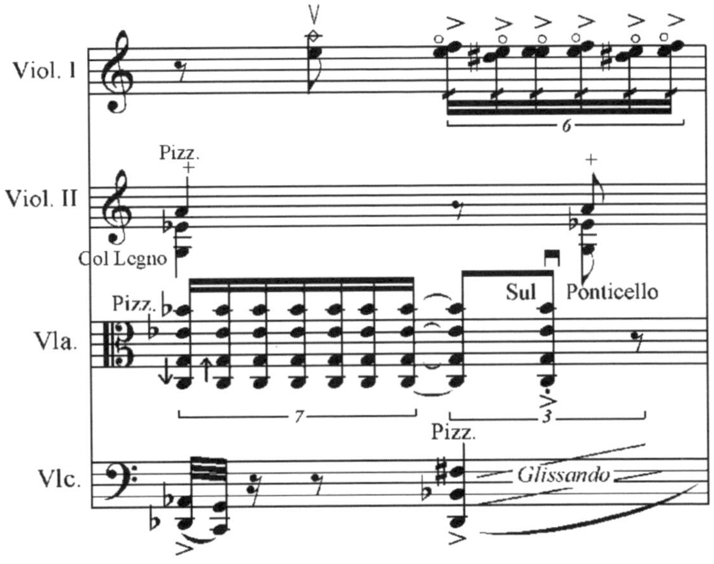

Quarteto de Cordas nº 2 – Mov. I de Andersen Viana, compasso 79; articulação simultânea do *pizzicato* de mão esquerda e do arco *Col Legno* na voz do segundo violino

Exemplo 32

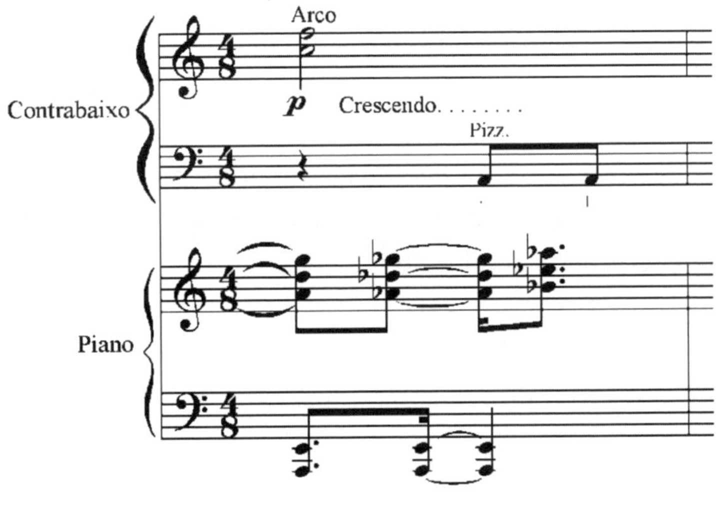

Sonata para Contrabaixo e Piano de Andersen Viana – Mov. I, compasso 45; articulação simultânea do *pizzicato* de mão esquerda e do arco na voz do contrabaixo

A polirritmia tornou-se algo comum aos compositores neoclássicos. De acordo com Barraud (1983), em tal estrutura rítmica não há necessidade de confrontar métricas ou células diferentes, como numa escrita polifônica. Uma única frase melódica, quando colocada em compassos alternados – de dois, três, quatro ou cinco tempos – produz um efeito de vários ritmos simultâneos. O autor sugere novamente Stravinsky como exemplo. Numa passagem da *Sagração da Primavera*, o compositor russo esquematiza uma sequência de notas em compassos alternados, na qual a segunda frase aparece com o início deslocado em outro compasso (Exemplo 33).

Exemplo 33

Passagem polirrítmica numa única voz, em forma esquemática, da *Sagração da Primavera* de Igor Stravinsky

No *Quarteto de Cordas 2* de Andersen Viana encontramos trechos polirrítmicos contendo as duas formas, ou seja, a de uma única voz e a escrita polifônica. Essa última contrasta com o ritmo das outras vozes. No Mov. I, compassos 33-34, o violino I propõe um motivo construído com células em quiálteras, distribuídas em duas notas, Ré# e Mi. A constância da articulação dessas duas notas transforma a métrica binária do compasso em uma métrica ternária, originando uma polirritmia numa única voz. Por outro lado, as outras vozes do *Quarteto* geram outra polirritmia, estruturada polifonicamente. No primeiro tempo do primeiro compasso, o violino II contrapõe quatro semicolcheias às três colcheias do violino I, e depois, no segundo compasso, desloca do tempo o mesmo grupo. Já nas vozes da viola e do violoncelo, no segundo compasso, aparecem três semínimas em quiálteras, contrastando com as quatro semicolcheias deslocadas e coincidindo com o primeiro apoio para a realização de cada grupo de Ré# e Mi do primeiro violino (Exemplo 34).

Exemplo 34

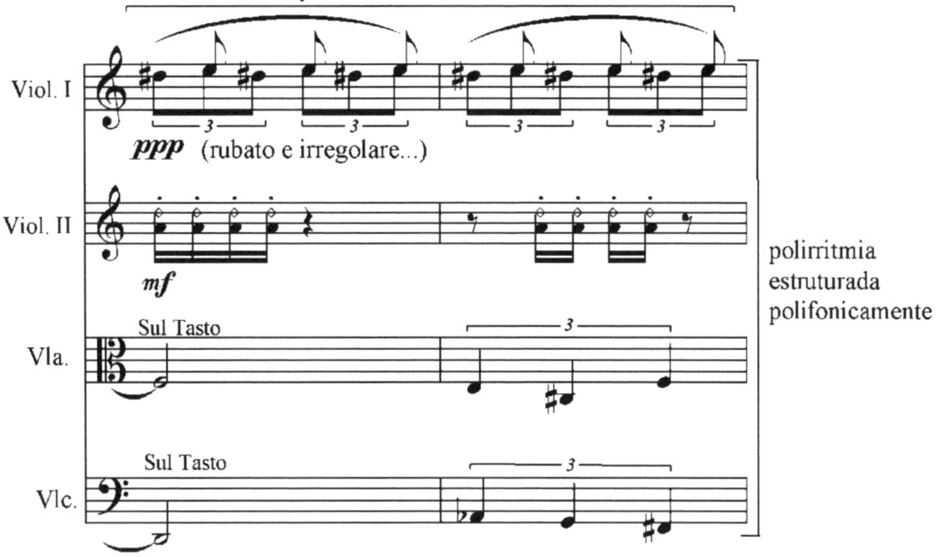

Quarteto de Cordas nº 2 de Andersen Viana – Mov. I, compassos 33-34; polirritmia em uma única voz, e polirritmia estruturada polifonicamente

Na *Sonata para Contrabaixo e Piano*, no Mov. III, compassos 101-103, uma sequência de dois blocos de acordes contrastantes resulta numa polirritmia com uma única voz. Tanto a voz do contrabaixo quanto a do piano originam uma linha construída por acordes graves e agudos, provocando uma polirritmia através da quebra da métrica regular das colcheias, causada também pela alternância dos numeradores de compassos (Exemplo 35).

Exemplo 35

Sonata para Contrabaixo e Piano de Andersen Viana – Mov. III, compassos 101-103; polirritmia com dois blocos de acordes resultando numa única voz

Como podemos observar nas correlações dos elementos musicais em três obras de Andersen Viana, seu estilo composicional se aproxima da estética neoclássica, neorromântica e neonacional. Porém, não devemos enquadrá-lo totalmente em tais correntes. Para tal afirmação, necessitaríamos de um maior aprofundamento de todo o conjunto de sua obra – atualmente em torno de 340 títulos – o que não seria o objetivo deste trabalho. No entanto, podemos confirmar uma tendência neoclássica do compositor ao se utilizar de formas renascentistas, barrocas e clássicas, de escrever com linguagem tonal e com contexto politonal ou bitonal, de explorar os timbres de cada instrumento e do conjunto deles, através de efeitos percussivos, de *glissandi* e *pizzicati*, e de trabalhar com estruturas polirrítmicas.

A *Sonata para Contrabaixo e Piano* de Andersen Viana

Análise formal

A *Sonata para Contrabaixo e Piano* possui três movimentos. O primeiro *Allegro preciso* tem andamento rápido e está na forma sonata; o segundo, *Cantabile*, sugere uma valsa tipicamente brasileira (ou uma neovalsa, como se refere o compositor); e o terceiro movimento, *Vivo*, se encontra na forma rondó. Segundo Massin (1997), o aspecto contrastante dos movimentos – rápido, lento, rápido – já era característica das sonatas de câmara do período pré-clássico.

O Mov. I é delineado, a princípio, na forma sonata clássica. No entanto, alguns elementos, principalmente suas relações tonais, fogem a tal concepção. Nesse sentido, ele se insere numa estética do panorama musical do século XX, onde as formas são tratadas com maior liberdade. Como mencionado anteriormente, no capítulo sobre estilo composicional, Andersen Viana se aproxima do neoclassicismo de Stravinsky. Segundo Salzman (1970), "A essência do 'neoclassicismo' stravinskiano está numa completa renovação da forma clássica conseguida através de um novo e criador refazimento da prática tonal, independente das funções tradicionais que primeiramente estabeleceram tais formas". Portanto, confirmando-se um tratamento estilizado para essa *Sonata*, podemos afirmar com maior segurança a sua relação com as perspectivas do movimento estético do século XX.

Para analisarmos melhor essa questão, cabe lembrar a estrutura básica da forma sonata clássica. Na visão de Magnani (1989), um dos movimentos, normalmente o primeiro, deve aparecer na forma sonata e dividir-se em três seções básicas: *exposição, desenvolvimento* e *reexposição.* A *exposição* possui uma introdução ocasional; uma apresentação do primeiro tema, ou motivo, na tonalidade da tônica; uma ponte modulante; uma exposição do segundo tema (a sonata clássica é bitemática), ou motivo, na tonalidade da dominante; e uma frase conclusiva, ou grupo de cadências, na tonalidade da tônica. O *desenvolvimento* tem como características: um trabalho de desenvolvimento dos temas apresentados, ou mesmo da ponte, em diversas tonalidades, e uma frase conclusiva. Eventualmente aparece outro tema. A *reexposição* se constitui de uma nova apresentação do primeiro tema na tonalidade da tônica; uma ponte não modulante; uma reexposição do segundo tema, ou parte secundária, na tonalidade da tônica; uma frase conclusiva, ou grupo de cadências; e uma *coda* retórica ocasional.

Outro autor, Zamacois (1993), considera essas três seções do primeiro movimento (*exposição-desenvolvimento-reexposição*) – das quais voltaremos a falar mais adiante – correspondentes a uma estrutura ternária denominada, respectivamente, A-B-A'. As três partes se relacionam do ponto de vista dos elementos temáticos ou motívicos. Tal estrutura se tornou um avanço com relação à binária, conhecida também como forma suíte. Na *Sonata* em questão, a correspondência com a concepção A-B-A' nos permite maior liberdade de análise, visto sua maior flexibilidade e menor enquadramento perante os elementos da obra que escapam a concepção tradicional da forma. Portanto, do ponto de vista da estrutura ternária, na *Sonata para Contrabaixo e Piano* temos na parte A (compassos 1-71) a apresentação de quatro elementos temáticos. Esse trecho possui uma característica rítmica, com variação métrica, como nos compassos do primeiro elemento temático (compassos 1-10), e uso de síncopes e acentos percussivos, tanto por parte do contrabaixo quanto do piano. Já em B (compassos 72-92), predomina um panorama melódico e uma métrica uniforme, tanto no piano quanto no contrabaixo. Na parte A' (compassos 93-172) aparecem novamente os elementos temáticos de A, porém, de maneira quase retrogradada e, por vezes, alterados. O aspecto rítmico volta a prevalecer. Aparecem também trechos com elementos ainda não vistos na primeira parte.

Com relação aos quatro elementos temáticos da parte A, o primeiro (compassos 1-10) se caracteriza pelo aspecto rítmico e melódico, através da alternância de compassos. Tem nos compassos de 1-3 (Exemplo 36), segundo o compositor (VIANA, 1996), seu motivo gerador em quartas justas melódicas.

Exemplo 36

Motivo gerador do primeiro elemento temático, voz do contrabaixo – Mov. I, compassos 1-3

O segundo elemento temático (compassos 11-12), nas palavras de Viana (1996), "evoca uma pulsação rítmica de origem africana trasladada para o Brasil, com ritmos sincopados e acentos percussivos". Esse elemento aparece nas vozes dos dois instrumentos (Exemplo 37).

Exemplo 37

Segundo elemento temático – Mov. I, compassos 11-12

O terceiro elemento temático (compassos 13-14), de acordo com Viana (1996), "define pulsações rítmicas, melodia e contraponto intuitivos utilizados pelos repentistas, violeiros e rabequeiros do norte e do nordeste do Brasil", na voz do contrabaixo e na mão direita do piano (Exemplo 38).

Exemplo 38

Terceiro elemento temático – Mov. I, compassos 13-14

O quarto elemento temático (compassos 33-36) se inicia na mão direita do piano, com resposta na voz do contrabaixo (compassos 34-37). A melodia se estrutura no intervalo harmônico de quarta justa, utilizando cordas duplas no contrabaixo (Exemplo 39). Esse intervalo se torna estrutural também no primeiro elemento temático com a forma melódica, e harmônica no segundo. O quarto elemento, segundo Viana (1996), tem "um caráter de música ritual indígena brasileira". Desenvolve-se até o compasso 53, numa estrutura polifônica contrapontisticamente em pergunta-resposta entre o piano e o contrabaixo. Este jogo entre os dois instrumentos conduz a parte A ao seu ponto culminante no compasso 55 (*molto energico e ritmico*).

Exemplo 39

Fragmento do quarto elemento temático, pergunta e resposta
entre o contrabaixo e o piano – Mov. I, compassos 33-34

Essa parte A do Mov. I, como já dito, relaciona-se com a exposição da forma sonata clássica, porém, não há relação tonal entre os elementos temáticos, assim como não fica claro o aparecimento de pontes e cadências conclusivas, com evidência apenas de transições no lugar de pontes. A relação tonal entre elementos temáticos e a utilização de pontes e cadências é estrutural e fundamental na forma sonata; sua ausência já nos indica um uso não tradicional desse gênero musical.

Analisando a seção B, que está relacionada à localização do desenvolvimento na sonata clássica, temos, segundo o compositor (Viana, 1996), uma "canção instrumental". De caráter melódico e expressivo, contrasta com o aspecto rítmico das outras duas – A e A'. Por outro lado, relaciona-se com o primeiro elemento temático (pertencente à parte A) do ponto de vista da construção melódica. Considerando a relação intervalar da terceira, quarta, quinta e sexta notas do compasso 1 da parte A, e as notas dos compassos 83-84, pertencentes ao único elemento temático (compassos 83-91, voz do contrabaixo) da parte B, se invertermos e relativizarmos o ritmo, obteremos a mesma estrutura (Exemplo 40).

Exemplo 40

Relação melódica do compasso I (seção A)
com os compassos 83-84 (seção B) – Mov. I

Já na reexposição, ou seção A', os elementos temáticos aparecem de forma quase retrogradada, ou seja, começando pelo quarto (compassos 102 e 108-110), passando pelo segundo (compassos 116-119), terceiro (compassos 142-143) e terminando com o primeiro (compassos 158-165). Essa inversão na reapresentação dos elementos temáticos, assim como a presença de novos elementos, demonstra semelhanças e diferenças com relação à primeira seção, justificando a denominação de A'.

Uma *coda* (compassos 166-172), de acordo com o compositor (Viana, 1996), "humorística", finaliza o movimento. Observamos esse caráter humorístico nos compassos 166-168, na voz do contrabaixo. Nesses compassos surge uma melodia *naif* composta com base em arpejos estereotipados na tonalidade de Ré maior, após construções bitonais e acordes percussivos no decorrer do movimento. Tal obviedade e oposição harmônica possui intrinsecamente certa ironia (Exemplo 41).

Exemplo 41

Coda com caráter humorístico na voz do contrabaixo – Mov. I, compassos 166-168

Segundo Magnani (1989), as cadências conformam as relações tonais dentro de uma sonata e interligam suas seções. No caso da *Sonata para Contrabaixo e Piano* de Andersen Viana, elas não são evidentes da seção A (*exposição*) para a seção B (*desenvolvimento*), nem da seção B para a seção A' (*reexposição*). Já o trabalho de desenvolvimento, comum na seção *com o mesmo título, acontece apenas no quarto material temático, e dentro da seção exposição.* Nesse sentido, a omissão de microestruturas (cadências, pontes, desenvolvimento) e a valorização de macroestruturas (seções e forma) demonstram uma intenção de utilizar a sonata de um modo não clássico, fato que a insere no panorama estético do século XX. Podemos comparar também o Mov. I com uma *Sonatina*, ou *Sonatina Forma.* De acordo com o dicionário Grove (1980), essa forma musical equivale a um movimento de sonata, no qual a seção *desenvolvimento* não aparece claramente, ou mesmo inexiste. Compositores neoclássicos como Bartók e Prokofiev escreveram sonatinas para piano.

Andersen Viana considera o Mov. II uma "neovalsa brasileira monotemática" (VIANA, 1996). Ele foi escrito com base em algumas valsas e canções brasileiras, como as *Valsas de Esquina* de Francisco Mignone[80] (1889-1986), (uma série de doze valsas para

[80] **Francisco Mignone** (1897-1986) nasceu em São Paulo, capital. Estudou inicialmente música com o pai, o flautista italiano Alferio Mignone, que emigrou da Itália para o Brasil. No Conservatório Dramático e Musical de São Paulo formou-se em piano, flauta e composição. Foi aluno de Luigi Chiaffarelli e de Agostino Cantù. Iniciou sua carreira na música popular, sob o pseudônimo de Chico Bororó. Era conhecido por tocar nas rodas de choro em bairros como o Brás, Bexiga e Barra Funda. Em 1920 foi agraciado com uma bolsa de estudos concedida pelo Pensionato Artístico do Estado de São Paulo, indo estudar em Milão com Vincenzo Ferroni e lá escreveu sua primeira ópera, O Contratador de Diamantes. A primeira audição da Congada, uma peça orquestral dessa ópera, deu-se sob a batuta de Richard Strauss com a Orquestra Filarmônica de Viena, no Rio de Janeiro. Em 1929, já de volta ao Brasil, iniciou um período de amizade e parceria com Mário de Andrade. Em colaboração com o escritor, compôs algumas de suas principais obras como a suíte Festa das Igrejas e o bailado Maracatu do Chico Rei, além da Sinfonia do Trabalho. Em 1934 mudou-se para o Rio de Janeiro, onde se tornou professor de regência no Instituto Nacional de Música, atual Escola de Música da Universidade Federal do Rio de Janeiro. Deu início à sua fase nacionalista, que se estendeu até 1959, quando preferiu admitir o uso de qualquer processo de composição que lhe conferisse liberdade ao escrever música. Sua obra musical inclui numerosas canções, obras para piano, óperas, um balé, obras de cunho nacionalista. Entre elas, destaca-se a belíssima Valsa de Esquina nº 2, em que se pode bem notar uma melodia executada com a mão esquerda no registro grave ao mesmo tempo que a melodia propriamente dita é executada pela mão direita no registro médio e agudo. Em 1950 apresentou as músicas do filme Modelo 19. Em 1961 foi o regente do primeiro concerto da recém-fundada Orquestra da Rádio MEC, atual Orquestra Sinfônica Nacional.

piano) retratando o ambiente dos "chorões" cariocas a canção popular *Chovendo na Roseira*, de Antônio Carlos Jobim[81] (1927-1994); e, principalmente, a *Valsa Triste* (tema sem instrumento definido) de Radamés Gnatalli – com o qual Andersen teve algumas lições particulares de composição quando de sua estadia na cidade do Rio de Janeiro durante o período de 1983 a 1987. Analisando este movimento da *Sonata* como uma valsa-canção, encontramos a mesma forma na canção de Antônio Carlos Jobim, ambas escritas em compasso 3/4. Nas duas obras aparece uma sequência de quintas justas melódicas; descendentemente na melodia de *Chovendo na Roseira* e ascendentemente na voz do contrabaixo na *Sonata* (Exemplo 42).

Exemplo 42

Chovendo na Roseira de Antônio Carlos Jobim, compassos 23-24, e
Sonata para Contrabaixo e Piano de Andersen Viana – Mov. II, compassos 10-11

---

[81] **Antônio Carlos Jobim** (1927-1994) nasceu na cidade do Rio de Janeiro. Chegou a cursar o primeiro ano da Faculdade de Arquitetura e até a se empregar em um escritório, mas logo desistiu e decidiu ser pianista. Aprendeu a tocar violão e piano em aulas, entre outros, com o professor alemão Hans-Joachim Koellreutter, introdutor da técnica dodecafônica no Brasil. Tocava em bares e boates em Copacabana, como no Beco das Garrafas no início dos anos 1950, até que em 1952 foi contratado como arranjador pela gravadora Continental, onde trabalhou com Sávio Silveira. Datam dessa época as primeiras composições, sendo a primeira gravada Incerteza, uma parceria com Newton Mendonça, na voz de Mauricy Moura. Depois da Continental, foi para a Odeon. É nessa época que compõe alguns sambas, em parceria com Billy Blanco: *Tereza da Praia*, gravada por Lúcio Alves e Dick Farney pela Continental (1954), *Solidão* e a *Sinfonia do Rio de Janeiro*. Em 1956, com 29 anos, Tom conheceu Vinícius de Moraes, que se tornou um de seus parceiros mais constantes. Tom Jobim fez parte do núcleo embrionário da bossa nova. O LP *Canção do Amor Demais* (1958), em parceria com Vinícius, e interpretações de Elizeth Cardoso, foi acompanhado pelo violão de um baiano até então desconhecido, João Gilberto. A orquestração é considerada um marco inaugural da bossa nova, pela originalidade das melodias e harmonias. Inclui, entre outras, *Canção do Amor Demais*, *Chega de Saudade* e *Eu Não Existo sem Você*. A consolidação da bossa nova como estilo musical veio logo em seguida com o 78 rotações *Chega de Saudade*, interpretado por João Gilberto, lançado em 1959, com arranjos e direção musical de Tom, selou os rumos que a música popular brasileira tomaria dali para frente. Tom Jobim foi um dos destaques do Festival de Bossa Nova do Carnegie Hall, em Nova York em 1962. No ano seguinte compôs, com Vinícius, um dos maiores sucessos e possivelmente a canção brasileira mais executada no exterior: *Garota de Ipanema*. Nos anos 1962 e 1963 a quantidade de "clássicos" produzidos por Tom é impressionante: *Samba do Avião, Só Danço Samba, Ela é Carioca, O Morro Não Tem Vez, Inútil Paisagem, Vivo Sonhando*. O sucesso fora do Brasil o fez voltar aos Estados Unidos em 1967 para gravar o LP com um dos grandes mitos americanos: *Francis Albert Sinatra & Antônio Carlos Jobim*, com arranjos de Claus Ogerman. Aprofundando seus estudos musicais, adquirindo influências de compositores eruditos, principalmente Villa-Lobos e Debussy, Tom Jobim prosseguiu gravando e compondo músicas vocais e instrumentais de rara inspiração, juntando harmonias do jazz (*Stone Flower*) e elementos tipicamente brasileiros, fruto de suas pesquisas sobre a cultura brasileira.

Podemos dividir o Mov. II em duas seções, que são marcadas por dois pontos culminantes e caracterizadas por harmonia tonal e cromatismo melódico. A primeira seção, A (compassos 5-23), destaca-se na voz do contrabaixo e tem no compasso 12 o seu ponto culminante. Os quatro primeiros compassos têm apenas uma função de introdução. Nos compassos 5-7 aparece o material temático básico (Exemplo 43), logo expandido até o compasso 20. Nos compassos 20-23, a nota Ré, distribuída em três oitavas no contrabaixo, reforça o quinto grau de Sol. Na segunda seção A'(compassos 24-42) surge o mesmo material temático anterior (compassos 24-26), prolongado até o compasso 42. O ponto culminante do compasso 37 se assemelha ao da primeira parte, principalmente com relação ao ritmo e à estrutura dos acordes do piano. Do compasso 43 até o final surge uma *codetta* com variação métrica na parte do piano, através das mudanças de compassos, e com uma harmonia modal/ tonal. As tríades das duas mãos do piano aparecem escritas numa sequência ascendente, projetando melodicamente o modo eólio em Lá, principalmente na escala através da nota grave pedal (Lá), também no piano. Já nos três últimos compassos, uma superposição do acorde de dominante de Sol (onde se destaca a nota sensível F# no piano), e sua tônica (a nota Sol do contrabaixo), nos conduzem de volta para o plano tonal.

Exemplo 43

Elemento temático básico da "neovalsa" na voz do contrabaixo – Mov. II, compassos 5-7

O Mov. III se apresenta na forma rondó. Segundo Copland (1974), um rondó normalmente possui a fórmula A-B-A- C-A-D-A, etc. O tema principal é apresentado na seção A, sendo que as outras seções são digressões ou variações de A, e têm como função criar contraste e equilíbrio a esta forma. Normalmente, rondós aparecem nos últimos movimentos de sonatas, como o caso da obra em questão. Podemos encontrá-lo estilizado por compositores neoclássicos como Darius Milhaud, Igor Stravinsky e Paul Hindemith.

No Mov. III dessa *Sonata*, consideraremos seção A' (compassos 1-17) e suas variações A'' (compassos 52-60) e A''' (compassos 89-96) como seções com refrãos. As seções B (compassos 20-51), C (compassos 60-88) e D (compassos 97-109) serão denominadas como contrastantes. Na *coda* (compassos 110-123) podemos considerar duas pequenas seções: uma A' e uma cadência final. Na seção A' (compassos 1-17) temos o tema principal (compassos 1-9), que, segundo Andersen Viana, foi "inspirado no baião e na música cabloca" (Viana, 1996). Ele se localiza no contrabaixo (Exemplo 44), com uma reapresentação no piano (compassos 10-17).

Os compassos 18-19 são uma transição para a seção B. Essa última (compassos 20-51) se inicia no *meno mosso,* contendo quatro elementos de alusão. O primeiro se refere ao ritmo de quiálteras do tema principal do rondó, presente nas vozes dos dois instrumentos. Por outro lado, o *ostinato* provocado por essas quiálteras contrasta com a variação rítmica e melódica desse tema principal (Exemplo 45). O segundo elemento de alusão (compasso 24), localizado na parte do contrabaixo, relaciona-se ao segundo elemento temático do Mov. I (compasso 12), porém, de forma alargada. O terceiro (compassos 27-28), também no contrabaixo, tem ligação com o terceiro elemento temático do Mov. I (compassos 13-14), novamente no contrabaixo, se refere ao quarto elemento temático do Mov. I (compasso 34-37), no entanto, articulado numa só corda e com o ritmo novamente alargado.

Exemplo 44

Tema principal do rondó na voz
do contrabaixo – Mov. III, compassos 1-9

Exemplo 45

Fragmento do *ostinato* rítmico da seção B – Mov. III, compassos 30-31

A seção refrão A'' (compassos 52-60) começa com o piano e o contrabaixo reapresentando o tema principal. O ritmo do contrabaixo aparece diminuído em relação à seção A', na qual o piano não aparece com o tema. Essa seção termina no próprio compasso 60, onde se inicia a seção C (compassos 60-88) com um *ostinato* rítmico na mão direita do piano (Exemplo 46).

Depois, esse novo *ostinato* acompanha uma citação ao elemento temático descendente da parte B do Mov. I (compassos 84-85), realizada aqui de forma ascendente pelo contrabaixo (compassos 63-75). Uma pequena transição (compasso 76) tem o mesmo movimento descendente da mão direita do piano, proveniente da transição da seção A' para a seção B desse Mov. III. No compasso 77-78, o contrabaixo lembra o segundo elemento temático do Mov. I (compasso 11-12), porém, com as figuras rítmicas dobradas.

O mesmo *ostinato* rítmico retorna na mão direita do piano (compassos 79-84), enquanto a mão esquerda e o contrabaixo novamente lembram o quarto elemento temático do Mov. I (Compassos 34-37). No caso, o ritmo aparece alargado e sem a repetição de notas, mas com o movimento melódico ascendente e descendente como no Mov. I.

Exemplo 46

Ostinato rítmico e citação do elemento temático da parte B do Mov. I, Mov. III, compassos 63-65

Após uma transição (compassos 85-88), em que se retoma a ideia das quiálteras do tema principal, surge a seção refrão A''' (compassos 89-109). Os primeiros oito compassos se assemelham bastante ao início da seção A'', no entanto, eles se diferem desta e de A' pela presença de uma *cadenza* do contrabaixo, o que podemos ver no compasso 97 (Exemplo 47). Como se fosse uma grande *fermata* no compasso, a *cadenza* lembra a estrutura rítmica do segundo elemento temático do Mov. I (compasso 11) e se torna uma introdução à seção D (compassos 98-107). O único elemento de citação a essa seção, realizado pelo piano e pelo contrabaixo (compassos 101-107), reforça a concepção rítmica do segundo elemento temático do Mov. I (compasso 11) e prossegue a ideia da *cadenza* precedente (Exemplo 48).

Exemplo 47

Fragmento da *cadenza* do contrabaixo – Mov. III, compasso 97

Exemplo 48

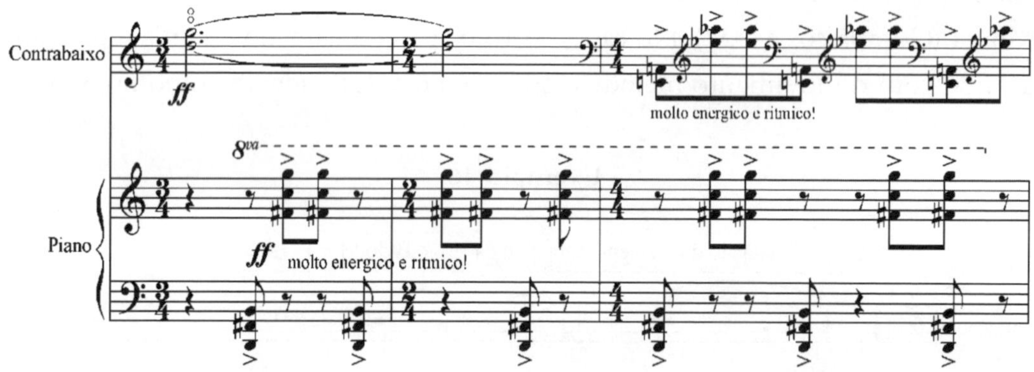

Fragmento dos elementos rítmicos da seção D – Mov. III, compassos 101-103

A *coda* (compassos 108-123) aparece dividida em três partes: uma transição que se inicia ao final da seção D (compassos 108-109); uma pequena seção A', por lembrar o ritmo de quiálteras do tema principal apresentado nos compassos 110-112 (Exemplo 49); e um trecho de notas longas (compassos 113-123), caracterizando uma cadência final (Exemplo 50).

Exemplo 49

Fragmento da segunda parte da *coda* – Mov. III, compassos 110-112

Exemplo 50

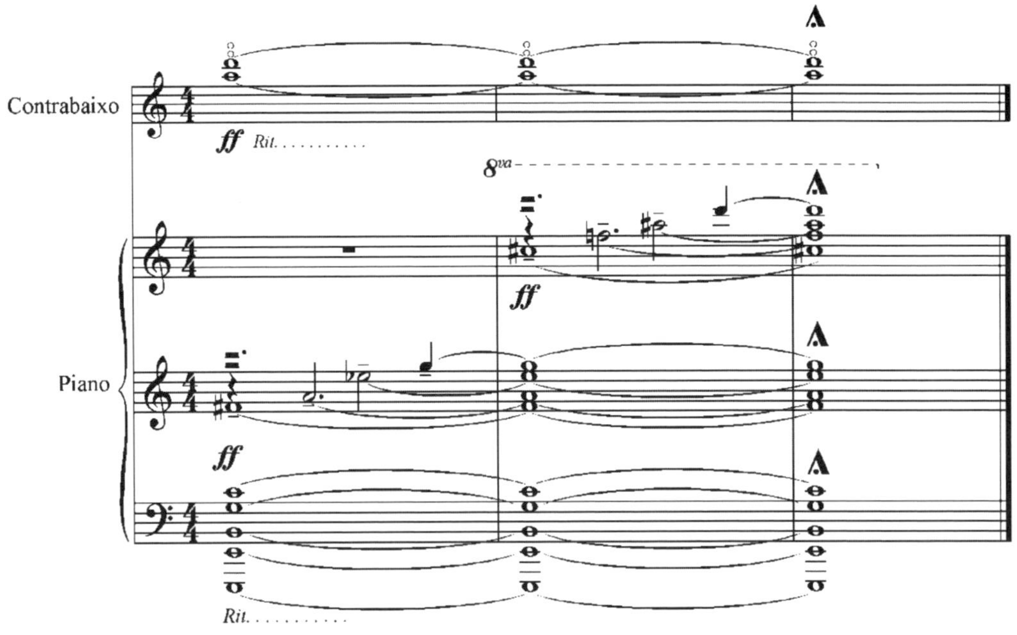

Fragmento da terceira parte da *coda* como cadência final da obra, utilizando 10 semitons da escala cromática – Mov. III, compassos 121-123

Analisando as relações e conexões entre os três movimentos, constatamos no Mov. I o uso estilizado da forma sonata e a predominância de elementos rítmicos. Essa mesma ênfase rítmica, assim como a utilização dos temas e motivos expostos no Mov. I, aparecem novamente no Mov. III, no qual o compositor mantém a macroestrutura (forma rondó) e nega a microestrutura (relações tonais), podendo se caracterizar como uma sonata cíclica, forma utilizada por compositores do período romântico, como César Franck.[82]

As semelhanças e as diferenças entre o Mov. I e o Mov. III caracterizam a denominação de A e A', que Zamacois (1993) usa para denominar a forma sonata. Contudo, a maneira estilizada de tratá-los coloca a *Sonata para Contrabaixo e Piano* de Andersen Viana no contexto da tendência neoclássica. No Mov. II, uma "neovalsa brasileira" o aproxima do ideal nacionalista, característica também dos neoclássicos. O caráter lento

---

[82] **César Franck** (1822-1890) foi um organista e compositor belga. Com quinze anos, após os estudos em sua cidade natal, foi para Paris, onde passou a frequentar o conservatório. Suas primeiras composições datam desta época e incluem quatro trios para piano e cordas (Trio op. 1 nº 1), além de peças para piano. *Rute*, uma cantata bíblica, foi composta com sucesso no conservatório em 1846. Deixou inacabada a ópera *Le Valet de Ferme*, iniciada em 1851. Durante muitos anos, Franck levou uma vida retirada, dedicando-se ao ensino e a seus deveres de organista, adquirindo renome como improvisador. Escreveu também a famosa *Sinfonia em Ré Menor* (talvez sua obra mais executada), uma missa, motetos, peças para órgão e outros trabalhos de cunho religioso. Professor do Conservatório de Paris em 1872, naturalizou-se francês no ano seguinte. Sua obra-prima é o poema sinfônico *Les Béatitudes*. Foi recebida, no entanto, com frieza na única execução pública durante a vida do autor. Outros poemas sinfônicos de Franck são *Les Éolides*, de 1876, *Le Chasseur Maudit*, de 1883, e *Psyche*, de 1888.

e melódico deste movimento contrasta com os demais, justificando a denominação B. Dessa maneira, observamos coerência do pensamento composicional com a forma sonata ao utilizar a relação A-B-A' entre os distintos movimentos.

Segundo Zamacois (1993), os compositores modernos, quando utilizam formas clássicas, abandonam o formalismo, porém, sempre evitam cair em um *aformalismo*. Ele lembra também que esses mesmos compositores trabalham com muita liberdade a tonalidade dentro de uma sonata, tendendo a um afastamento total do tom principal. Portanto, com base na presente análise formal e nessa concepção, podemos identificar a *Sonata para Contrabaixo e Piano* com a estética musical do século XX.

Aspectos da interpretação

O principal referencial teórico para abordar os aspectos da interpretação da *Sonata para Contrabaixo e Piano* será o *note grouping* (agrupamento de notas). Apesar de existirem outras abordagens com relação à interpretação e à *performance,* que incluem estilo, articulação e contexto histórico, restringiremos à abordagem da melodia e do ritmo, pontos fundamentais do *note grouping.* Outros comentários, com base na experiência prática de *performance* do autor, se intercalarão no decorrer deste trabalho.

Idealizado por James Morgan Thurmond, o *Note Grouping* tornou-se um método de interpretação para dar sentido de musicalidade e expressão à *performance,* consequentemente, senso estético e estilo. Thurmond, professor emérito de educação musical do Lebanon Valley College nos Estados Unidos, escreveu, em 1991, o livro *Note Grouping, a Method for Achieving Expression and Style in Musical Performance.*[83] O texto, baseado em sua tese de mestrado, refere-se aos conceitos de *arsis* (parte fraca) e *thesis* (parte forte), os quais devem ser interpretados de maneira hierárquica e crescente, a partir do agrupamento de duas notas, passando pelos motivos, frases, períodos e, até mesmo, a obra como um todo (Thurmond, 1991).

Segundo a ideia de Thurmond (1991), o movimento numa frase musical consiste em provocar um acento expressivo nas *arsis*, valorizando, assim, as anacruses. Essa valorização das partes fracas, seja dentro do tempo ou entre os tempos dos compassos, coloca em questão o sentido da demarcação dos acentos na interpretação das barras de compasso. Essa superação das barras ocorre no Mov. I (compassos 2-3), através do segundo agrupamento, com a frase demarcada sobre os compassos (Exemplo 50). Tal demarcação descaracteriza a "cabeça", ou primeiro tempo forte, dos referidos compassos.

Com base nesse referencial, tomemos como objeto de estudo os motivos, elementos temáticos e temas da *Sonata* abordados na análise formal. A indicação de outros trechos significativos do ponto de vista da relação *arsis-thesis* complementa a análise a partir da teoria do *note grouping.* Outros exemplos, ainda, justificam-se pelas sugestões de recursos técnicos e interpretativos, baseados na vivência deste autor como contrabaixista.

Nos primeiros três compassos do Mov. I, por exemplo, aparece o motivo gerador do primeiro elemento temático. Como mostra o Exemplo 51, mesmo com a arcada sugerida para baixo na primeira nota, a ênfase deve recair a partir da segunda, a nota Lá (*arsis*). Da articulação dessa nota até o Ré do terceiro tempo do mesmo compasso,

[83] O agrupamento de notas é um método para alcançar expressão e estilo na *performance* musical.

podemos criar um agrupamento. Do Lá desse terceiro tempo, que também é *arsis*, até a nota Mi do primeiro tempo do compasso 3, há outro agrupamento com a repetição de quartas justas. Da nota Lá (*arsis*) desse primeiro tempo até a nota Mi, outro agrupamento com notas ascendentes, e, finalmente, do Si bemol do terceiro tempo do compasso 3 (*arsis*) até a nota Lá bemol do compasso 4, há o último agrupamento, também com caráter ascendente.

Exemplo 51

Agrupamentos no primeiro elemento temático, voz do contrabaixo – Mov. I, compassos 1-3

A própria estrutura do segundo elemento temático do Mov. I (compassos 11-12) já demonstra uma intenção de acentos expressivos nas partes fracas, causados pelas síncopes. Porém, cabe demarcar pequenos agrupamentos com sugestões de arcadas – no caso do contrabaixo –, facilitando a articulação das *arsis* e síncopes, também presentes na parte do piano (Exemplo 52).

Exemplo 52

Agrupamentos do segundo elemento temático – Mov. I, compassos 11-12

No terceiro elemento temático (compassos 13-14), tal como nos compassos 4-5 e na sequência dos compassos 21-24 do Mov. I, as ligaduras aparecem escritas a cada duas notas, formando cada tempo do compasso. Nesse caso, a concepção das *notes inégales* torna-se mais apropriada para a interpretação. Adotada no barroco francês e depois utilizada em outras regiões da Europa, tal interpretação prevê a articulação mais longa na primeira nota e uma mais curta na segunda, no caso de grupos rítmicos iguais dentro de cada tempo do compasso (Grove, 1980). Apesar de aplicada no século XVII, podemos adaptá-la na *performance* musical do século XX e XXI, como no caso dessa Sonata, na qual acrescentaríamos um efeito de acento na primeira nota de cada grupo de semicolcheias. Esse acento reforçaria o apoio harmônico da nota pedal Ré, do próprio contrabaixo, na "cabeça" de cada tempo dos compassos 13-14, da mesma maneira que nos compassos 21-24. Como exemplo, nos compassos 13-14, a primeira semicolcheia se tornaria *tenuto* – e com acento – e a segunda, *staccato*, tanto no piano quanto no contrabaixo. No caso do contrabaixo, articulada sempre dentro da mesma arcada (Exemplo 53).

Exemplo 53

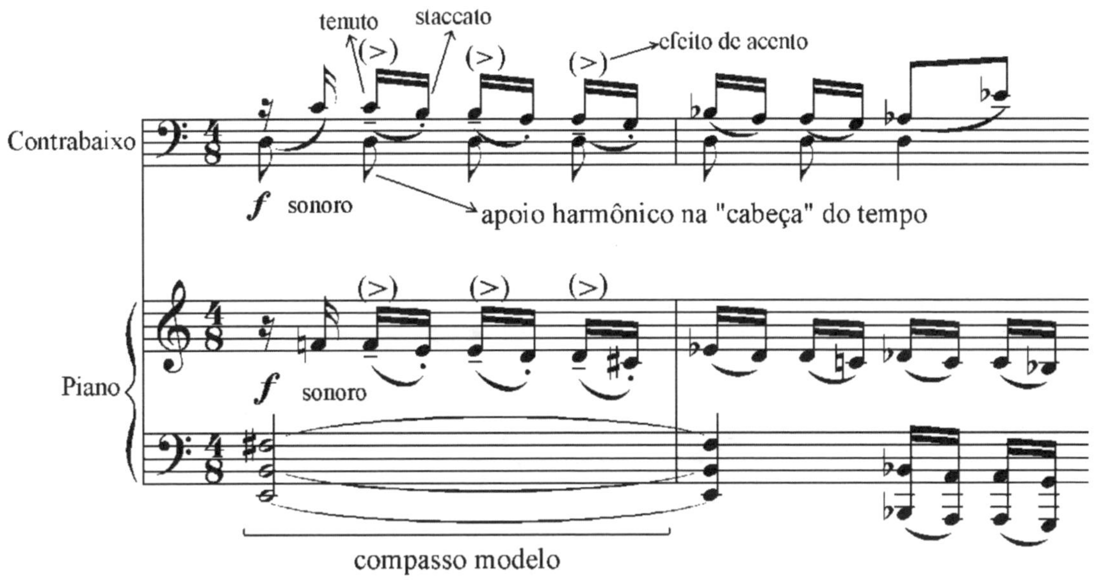

Uso de *notes inégales* no terceiro elemento temático

O quarto elemento temático (compassos 34-47, voz do contrabaixo) possuiu dois agrupamentos básicos na primeira parte (compassos 34-35) e dois na segunda (compassos 36-37). Nesse caso, mesmo com estrutura rítmica semelhante ao terceiro elemento temático, a ideia de *notes inégales* não se aplica, pois uma sugestiva síncope com a repetição das mesmas notas na parte fraca e forte, respectivamente, do primeiro e segundo tempos, nos leva novamente para a relação *arsis-thesis* do *note grouping* (Exemplo 54). Por conseguinte, tratando-se de uma construção polifônica e com o contraponto de "pergunta-resposta" entre contrabaixo e piano, os agrupamentos das semicolcheias de cada instrumento devem permanecer em evidência quando apresentados. Por este motivo, cabe um *diminuendo* nas notas longas de cada parte do tema, evidenciando, assim, a entrada de cada instrumento através das semicolcheias.

Exemplo 54

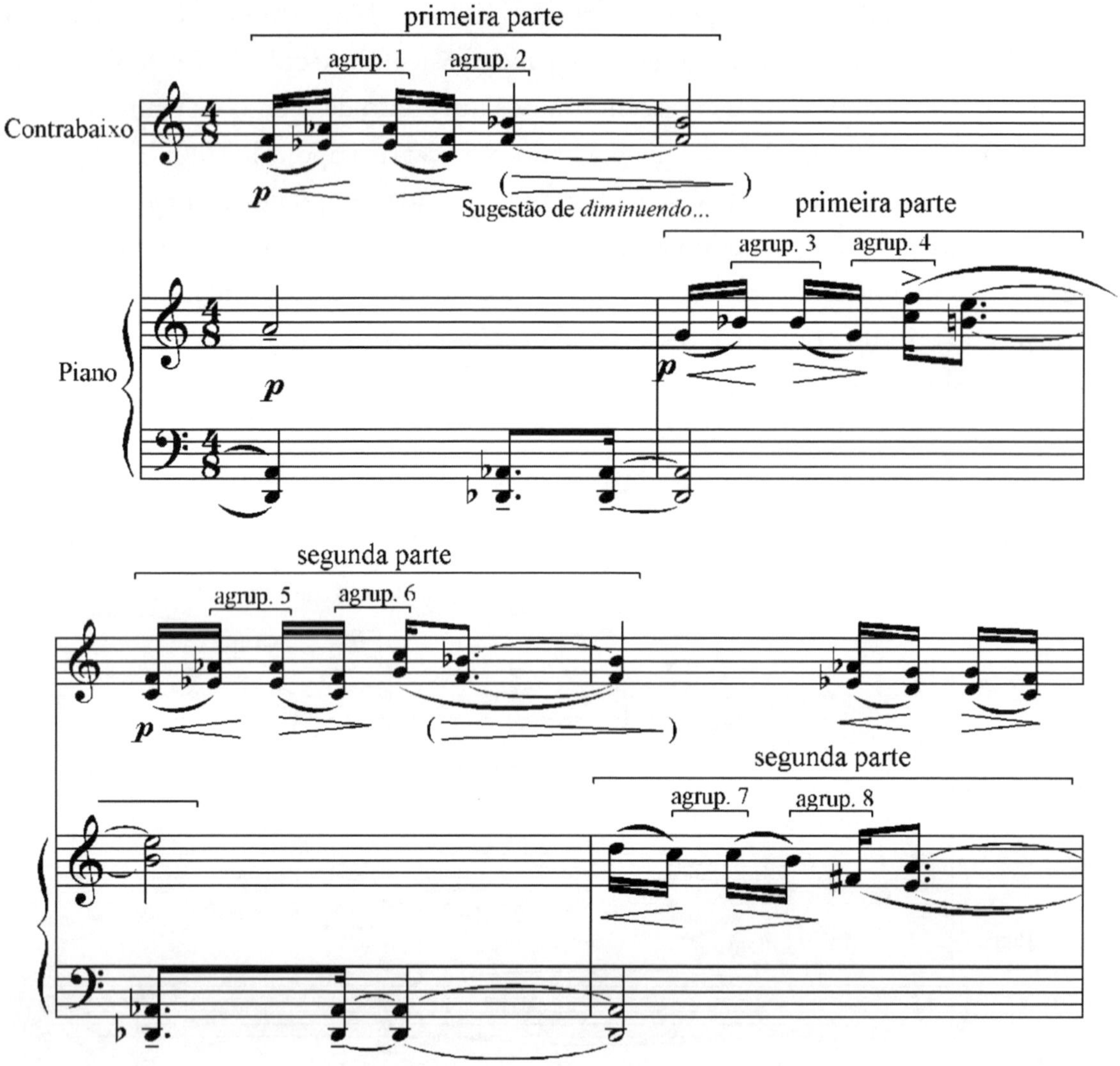

Agrupamentos e sugestão de diminuendo no quarto elemento temático – Mov. I, compassos 34-37

Devemos considerar um aspecto interpretativo, sem relação direta com a teoria de Thurmond, nos compassos 54-58. Os acordes graves escritos nas vozes dos dois instrumentos – mesmo em parte forte ou fraca – podem ter menos intensidade no piano e menos peso na articulação do arco, no caso do contrabaixo. Do contrário, obteremos um efeito percussivo no lugar do acordal[84] (Exemplo 55). Como a frase possui uma sequência harmônica, torna-se fundamental a clareza das notas graves, já que reconhecemos mais facilmente as agudas nos dois instrumentos.

[84] Podemos aplicar a mesma sugestão no Mov. III, na *cadenza* dos compassos 97-100 e compassos 105-110.

Exemplo 55

Ajustamento de intensidade nos acordes graves – Mov. I, compassos 55-56

A partir do compasso 72 surge um trecho com caráter lento e melódico, considerado como seção B na análise formal. Nele, as quiálteras do contrabaixo no compasso 76 possuem maior divisão dentro do tempo com relação às outras notas do compasso ou frase. Para Thurmond (1991), nesse caso, as quiálteras têm forte valor expressivo. Para constituir os agrupamentos, deve-se desconsiderar a primeira nota tética de cada grupo, formando um conjunto com as demais notas ársicas (Exemplo 56).

Exemplo 56

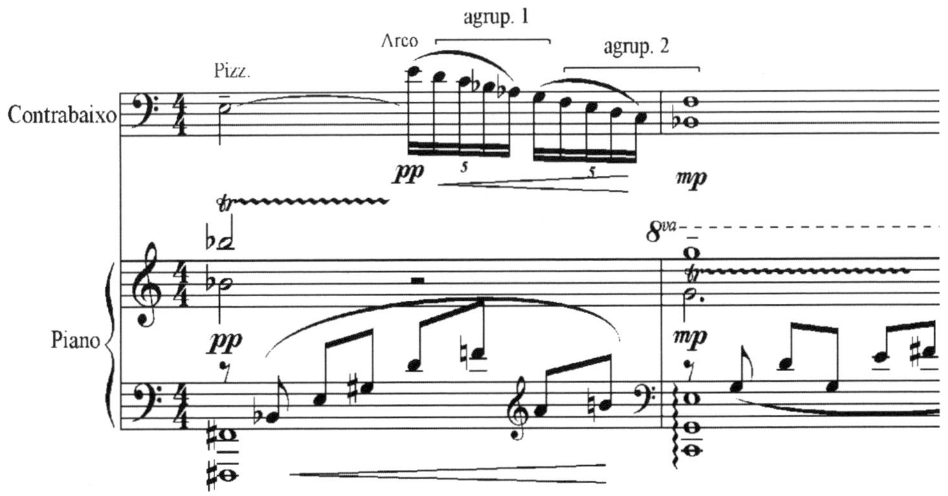

Agrupamentos para dar expressividade às quiálteras na voz do contrabaixo – Mov. I, compassos 76-77

Em outra passagem melódica importante (compassos 83-90), o contrabaixo apresenta o tema principal da seção com o modo mixolídio, transposto para Fá nos compassos 83-85, e frígio, transposto para Dó – com o sexto grau alterado – nos compassos 86-90. O piano o acompanha com a mão direita, através de um ritmo contrastante e melodia cromática, e a mão esquerda, em uma frase melódica alternada nas tonalidades de Mib maior e Sol maior. Analisando o início desse trecho como modelo, o agrupamento do contrabaixo inicia-se na semínima (*arsis*) do compasso 84 e, através de um acento expressivo, estende-se até a primeira do compasso 85, em que deve existir um repouso intencional na *thesis*. A sequência dos pequenos agrupamentos, como demonstra o Exemplo 57, origina um maior, interpretado como uma frase com um discreto crescendo até o Dó do compasso 86. Articulados sem desfazer as ligaduras e arcadas originais, os acentos expressivos não devem quebrar o caráter *legato* da frase.

Exemplo 57

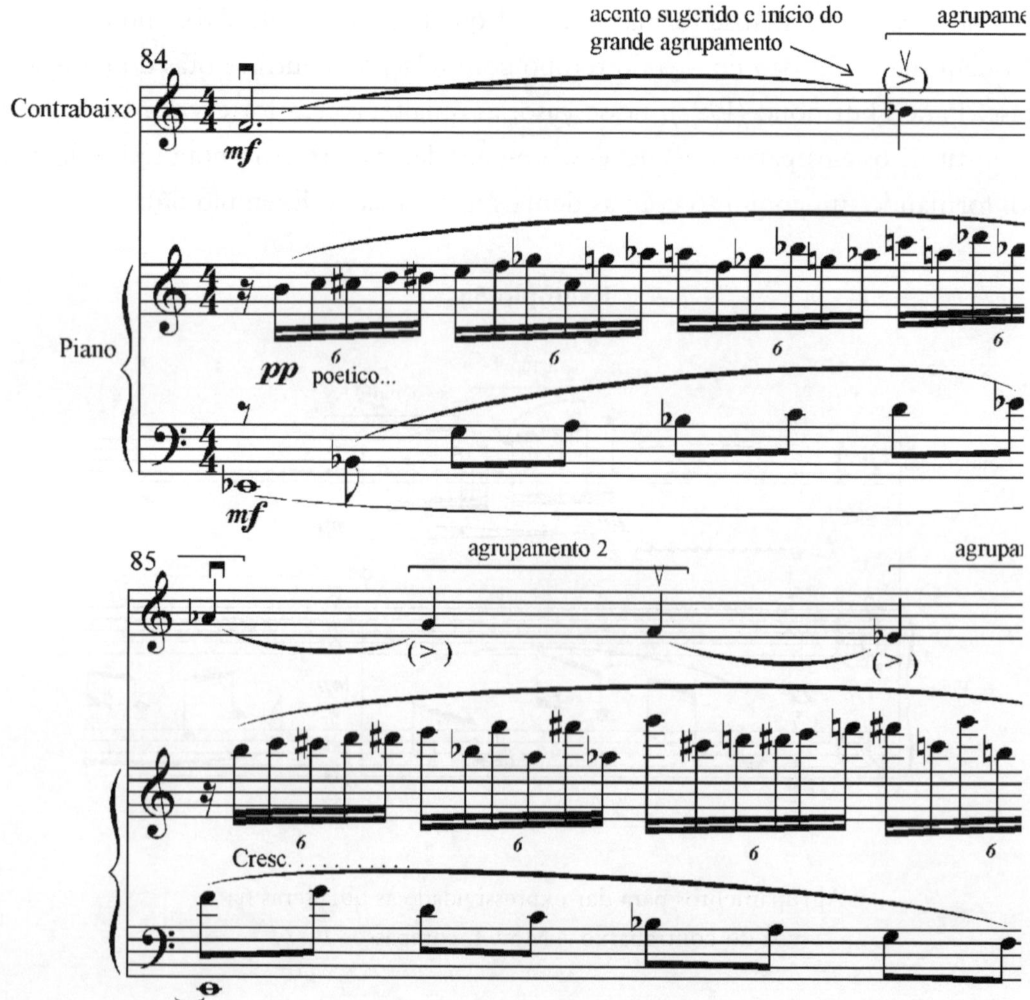

Agrupamentos no tema principal da seção B na voz do contrabaixo – Mov. I, compassos 84-86

No Mov. II os quatro primeiros compassos são uma introdução do piano. Na mão esquerda aparece o apoio harmônico das notas graves e na direita, dois acordes dissonantes em forma de *appoggiatura.* Nos compassos 5-8 essa estrutura se repete, portanto convém ao pianista provocar menor intensidade, ou efeito de "eco", principalmente por causa da entrada da voz do contrabaixo. Essa entrada ocorre no compasso 5, com a nota longa Ré. Ela ganhará expressividade se observada a orientação de Thurmond (1991), na qual ele sugere ao solista atenção às dissonâncias e às movimentações rítmicas do acompanhamento do piano. A atenção fará com que toda nota longa ganhe, por exemplo, uma determinada qualidade de *vibrato,* ou variações de intensidade, de acordo com tais dissonâncias e/ou movimentações do acompanhamento. Nesse compasso, o contrabaixo pode começar a mínima pontuada em *PP* ao invés de *P* para realçar a função harmônica da nota grave da mão esquerda do piano. A partir do segundo tempo, acrescentaria um *crescendo* para se tornar mais evidente e contrastar com o *diminuendo* dos dois acordes do piano (Exemplo 58).

Exemplo 58

Interpretação da nota longa do contrabaixo – Mov. II, compasso 5

Na sequência da nota longa do compasso 5, o Mi bemol do compasso 6 é *arsis* e a escrita da ligadura já sugere um agrupamento a partir dele. No entanto, o fraseado se quebra com uma nova ligadura nas notas do primeiro tempo com compasso 7. A sugestão seria um grande agrupamento envolvendo todas as notas a partir do Mi bemol até o Sol do compasso 7 (Exemplo 59). Essa última nota, como *arsis* e a mais aguda do agrupamento, ficaria como ponto culminante e a mais expressiva da frase, dando ao intérprete a opção de chegar nela com mais ênfase e intensidade. Nesse sentido, cabe a sugestão de um *crescendo* no decorrer das colcheias para realçar esse objetivo. Em artigo sobre essa *Sonata*, Borém (1999), ressalta que essa nota Sol ficaria melhor se articulada com o timbre do harmônico natural, permitindo também maior sutileza para a *acciaccatura*,[85] localizada no tempo seguinte.

Exemplo 59

Agrupamento das colcheias no único material temático do Mov. II, compassos 6-7

Cabe salientar, ainda, mais dois trechos do Mov. II. No primeiro (compassos 10-12), os dois grupos distintos de quiálteras do contrabaixo podem ser agrupados segundo a concepção de ritmos artificiais de Thurmond, já citada no Exemplo 47. Partindo do compasso 10, já temos a parte forte do segundo tempo sem ataque porque é a mesma nota do primeiro e permanece ligada a ele. As colcheias seguintes ficariam agrupadas até a primeira semicolcheia com compasso 11, formando um agrupamento, e as semicolcheias restantes da quiáltera de cinco até o Lá bemol do compasso 12, gerando outro agrupamento (Exemplo 60). A observação das arcadas torna-se importante, pois através delas se consegue o *affrettando* e o *crescendo* das semicolcheias – objetivados pelo compositor – para atacar o Lá bemol de maneira bastante expressiva, pelo fato de ser o ponto culminante dessa seção. Consegue-se expressividade nessa nota exagerando o *affrettando* e o *crescendo* do agrupamento das semicolcheias precedentes, além de amplitude no *vibrato* e bastante peso do arco.

[85] Nota ornamental. Também conhecida como *grace note* ou *appoggiatura breve*.

Exemplo 60

Agrupamentos de quiálteras distintas com sugestões de arcadas – Mov. II, compassos 10-12

No segundo trecho (compassos 38-39), aplicaremos novamente a ideia de Thurmond (1991), também já citada no Exemplo 57, de fornecer expressividade às notas longas. Ao observar o movimento ascendente, com *crescendo* expressivo no Fá#, novamente através de amplitude no *vibrato* e peso de arco (Exemplo 61).

Exemplo 61

Expressividade da nota longa – Mov. II, compassos 38-39

Em relação ao Mov. III, tomemos o tema principal do rondó (compassos 1-9). No compasso 1, a primeira nota, mesmo com *thesis* e possuindo um acento, pode permanecer articulada com o arco para baixo, porém, o acento expressivo deve recair a partir da segunda, a *arsis* (Exemplo 62). Segundo Thurmond (1991), quando uma frase começa no tempo forte, sem *anacruse*, podemos imaginar um suposto *levare* e aliviar a "cabeça" do compasso para criar um impulso inicial do agrupamento a partir da *arsis*.[86] No caso do compasso 1, o agrupamento iniciaria na segunda nota e se estenderia até a nota Sol do mesmo compasso.

Exemplo 62

Agrupamento da voz do contrabaixo a partir de um *levare* imaginário – Mov. III, compasso 1

No compasso seguinte, apesar da construção rítmica e melódica semelhante à anterior, outro agrupamento envolvendo as semicolcheias fornecerá expressividade a essa célula mais curta (Exemplo 63). Thurmond (1991) considera a valorização de células menores no tempo ársico, ou na parte fraca do agrupamento, uma das bases da teoria do *note grouping*.

Exemplo 63

Valorização da célula curta no agrupamento da voz do contrabaixo – Mov. III, compasso 2

Nos compassos 4-5, a demarcação de pequenos agrupamentos de três notas fora da "cabeça de tempo" favorece a relação *arsis-thesis* e provoca uma linha melódica com bordaduras inferiores (Exemplo 64). Apesar da sensação de tocar fora do tempo – como explicado no parágrafo do Exemplo 56 –, esses pequenos agrupamentos asseguram a percepção de pulso e garantem a precisão rítmica.

[86] No compasso 1 do Mov. I também podemos usar o recurso do *levare* imaginário.

Exemplo 64

Pequenos agrupamentos fora do tempo do compasso – Mov. III, compassos 4-5

Como apresentado na análise formal, a seção B do Mov. III tem como elemento diferencial e de equilíbrio o *ostinato* rítmico das quiálteras de colcheias. A repetição constante de duas notas por grau conjunto através desse ritmo pode conduzir o intérprete a uma sensação de seis tempos dentro do compasso, em vez de quatro. Ao realizar um apoio a cada duas notas induzido por tal repetição, ele alterará a métrica do compasso. Para se obter o efeito de cada quiáltera no devido tempo, articula-se o arco a cada dois grupos, provocando um leve acento em cada primeira nota (Exemplo 65). Embora, a princípio, contrarie a concepção de Thurmond (1991), esses acentos asseguram o pulso e o andamento, servindo como referência para a parte do piano. Essa referência cabe também do piano para o contrabaixo nos trechos em que o pianista realiza o mesmo *ostinato* rítmico.

Exemplo 65

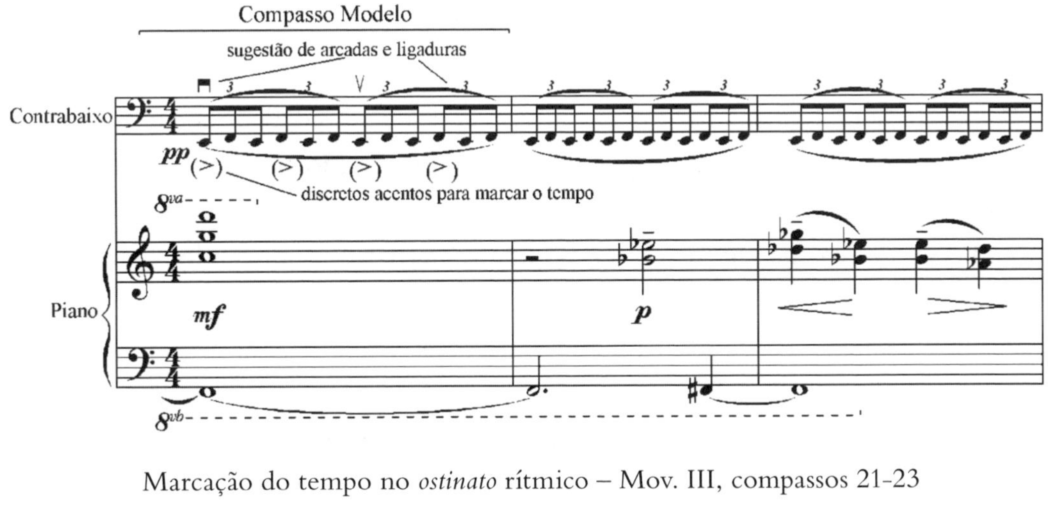

Marcação do tempo no *ostinato* rítmico – Mov. III, compassos 21-23

Um importante aspecto técnico se relaciona ao uso das cordas duplas no contrabaixo. Quando escritas na região aguda e num contexto melódico, como ocorre nos compassos 69-75, o intérprete deve cuidar para não articular o arco muito próximo ao cavalete (Exemplo 66). Na tentativa de equalizar e projetar as duas notas, instintivamente o contrabaixista pode apertar o arco e aproximá-lo do cavalete. Tal atitude pode "estrangular" e cortar a projeção das notas. A opção seria posicionar o arco mais afastado do cavalete e usar toda sua extensão (do talão até a ponta) e com menos peso. Esse recurso técnico permite a emissão mais natural das notas, consequentemente, melhor realização do fraseado entre os agrupamentos dos tempos do compasso.[87] Como o piano tem na mão esquerda a mesma frase, o pianista deve realizar os mesmos agrupamentos para que haja coerência entre os dois intérpretes.

Podemos também aplicar a proposta do *note grouping* de Thurmond, para interpretar a *Sonata para Contrabaixo e Piano* de Andersen Viana, nos trechos do contrabaixo não exemplificados, além da parte do piano como um todo. Ao usar a mesma concepção, os dois intérpretes conseguirão uma *performance* com maior coerência e qualidade nos fraseados.

Exemplo 66

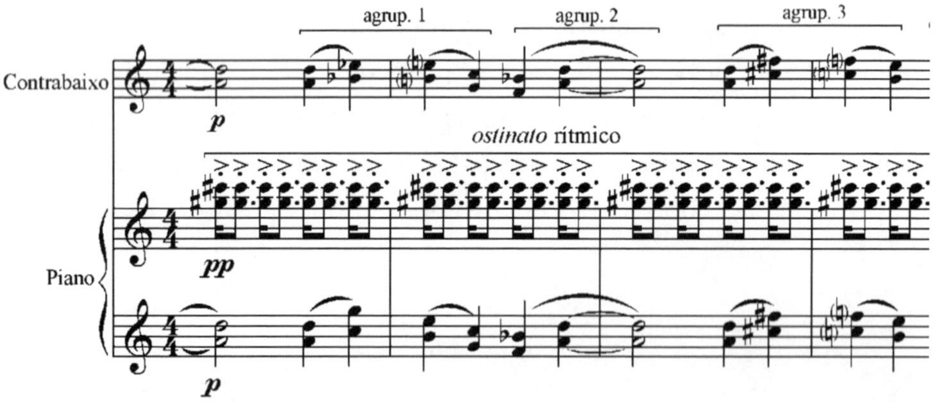

Agrupamentos de linhas melódicas com cordas duplas – Mov. III, compassos 71-74

Por outro lado, temos a opção – e muitas vezes a necessidade – de contrariar[88] essa teoria e da mesma maneira obter igualdade na interpretação dos dois instrumentistas, conforme a explicação sobre o Exemplo 65. Já no Exemplo 51, ao invés de provocarmos um acento expressivo na segunda nota, podemos efetuar um crescendo a partir da primeira, acompanhando o sentido ascendente das notas. O ponto culminante da frase se torna a segunda nota – Ré agudo – repetida com ênfase até o final do segundo compasso.

No caso do Exemplo 52, nos dois compassos, como o sugestivo acento expressivo da síncope aparece na parte fraca da célula, não necessitaríamos acentuar novamente a

[87] Nos compassos 33-54 do Mov. I, aparece o mesmo tipo de articulação e ritmo, em que podemos também realizar os agrupamentos entre os tempos do compasso.

[88] Segundo o compositor Andersen Viana (VIANA, 2000), a Teoria da Música não foi e nunca será "estável". Quando utilizada de maneira efetiva na prática musical (criação e interpretação), algumas teorias muitas vezes se sobrepõem umas às outras, criando, dessa maneira, uma grande estrutura teórica interligada, o que acaba por somar e ampliar o conhecimento teórico-musical da humanidade, mas sempre de uma maneira dinâmica e "líquida".

parte fraca seguinte. Ficaria mais conveniente dar ênfase à colcheia no compasso 11 e à semínima no compasso 12.

Por último, no Exemplo 62, se em vez de realizarmos o acento expressivo do agrupamento a partir da segunda nota, nós a deslocássemos para a primeira, realçaríamos a caráter dançante do tema. Consequentemente, frisaríamos o intervalo de sétima menor entre as notas Dó e Sib, reforçando o traço cultural do modo mixolídio. De acordo com o compositor (Viana, 1996), esse tema "tem conexão com o baião de origem nordestina", e o modo mixolídio é típico na música de tradição oral do nordeste do Brasil.

Aspectos da escrita idiomática do contrabaixo

Lembrando a afirmação do contrabaixista norte-americano Bertram Turetzky citada na seção "A interação compositor/contrabaixista", muitas composições e transcrições para contrabaixo no começo do século XX subestimavam as possibilidades do instrumento. No decorrer do século, principalmente a partir da década de cinquenta, apareceram obras mais idiomáticas, explorando o instrumento de maneira mais ampla, principalmente através da interação compositor/contrabaixista.

No Brasil do começo do século XX, esse processo de interação apresentava casos isolados, como a *Canção e Dança* de Radamés Gnatalli, escrita para Leopardi em 1934, e acentuou-se nas décadas de setenta e oitenta. Na década de noventa, os casos de contrabaixistas colaborando com compositores com a finalidade de criarem obras mais idiomáticas para o instrumento aumentaram bastante. São significativas as experiências do compositor Ernst Widmer e do contrabaixista Pino Onnis, de Ernst Mahle e Antônio Arzolla, Mário Ficarelli e Sándor Molnár, assim como outras colaborações citadas na seção "A interação compositor/contrabaixista no Brasil".

A *Sonata para Contrabaixo e Piano* de Andersen Viana, nosso objeto de estudo, teve a colaboração de Fausto Borém, possibilitando um resultado bastante significativo, tanto na escrita quanto na linguagem da obra. Foi sugerida a preferência por posições fixas da mão esquerda nas passagens mais rápidas e com maior quantidade de notas. Na *Sonata* em questão, os três primeiros compassos aparecem escritos somente na quarta posição. Tal recurso facilitou a interpretação do caráter do *Allegro preciso* e a articulação dos saltos de quartas justas (Exemplo 67).

Exemplo 67

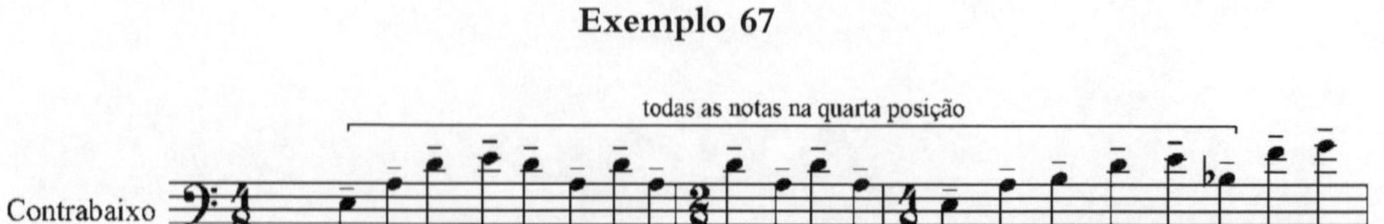

Passagem escrita na quarta posição fixa do contrabaixo – Mov. I, compassos 1-3

Utilizando uma mesma posição da mão esquerda, pode-se também incluir cordas soltas, facilitando a articulação de escalas e arpejos em trechos rápidos (Exemplo 68).

Exemplo 68

Uso de cordas soltas e posição fixa para facilitar a articulação da escala no Mov. I, compasso 15; arpejo no Mov. II, compasso 10

A corda solta pode se tornar também um pedal (ou bordão), juntamente com uma voz superior, de caráter melódico. Na sequência dos compassos 21-24, do Mov. I, apesar de articulada em cada tempo, a ressonância da corda solta Ré permite o efeito de pedal por todo o trecho da melodia, articulada na corda Sol (Exemplo 69).

Exemplo 69

Efeito de pedal através da corda solta Ré, juntamente com melodia na corda Sol – Mov. I, compassos 21-24

Ainda em relação ao uso da mão esquerda, a articulação simultânea de duas cordas, ou cordas duplas, com a intenção de formar intervalos diversos tornou-se um dos recursos idiomáticos mais encontrados em obras para contrabaixo no século XX. Nessa *Sonata*, encontramos o uso de cordas duplas em vários trechos e com diversas funções. Do compasso 28 até o compasso 32, apresentam-se em diversas oitavas, explorando a facilidade dos timbres em cada região do instrumento, ao mesmo tempo em que na mesma posição permite-se a execução de outros bicordes em posição fixa e móvel (Exemplo 70). No compasso 28, através da colocação do polegar nos primeiros harmônicos das cordas IV e III (Mi2 e Lá2), podem-se também conseguir as oitavas superiores dessas notas (Mi3 e Lá3) com os dedos 1 e 2 na sétima posição das cordas (II) Ré e (I) Sol, e sem mover a mão. Das colcheias de compasso 28 até o compasso 29 – e sua sequência –, as notas Ré e Sol se posicionam em três oitavas distintas. Nesse trecho, primeiramente se coloca o polegar sobre os harmônicos Ré3 e Sol3, depois se movem os dedos 1 e 2 sobre as respectivas cordas Ré e Sol nos harmônicos agudos restantes.

Exemplo 70

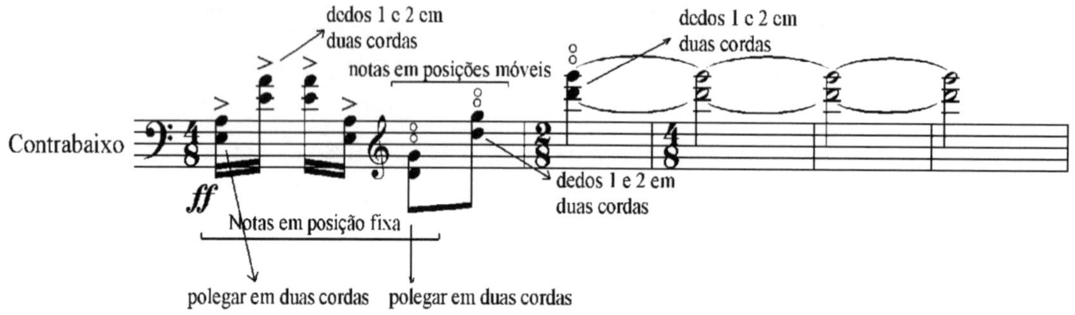

Intervalo harmônico de quarta justa explorado em diversas oitavas e através de posição fixa e móvel da mão esquerda – Mov. I, compassos 28-32

O intervalo de quarta justa em cordas duplas aparece no decorrer de vários compassos, constituindo frases melódicas, como o que acontece no Mov. I nos compassos 34-54 (Exemplo 71). Esse recurso foi inspirado em uma peça para contrabaixo e piano do compositor francês Jean-Michel Defayé, intitulada *Pizzarco*. Como o nome sugere, Defayé mesclou as possiblidades do arco com as do *pizzicato*. Andersen Viana, em entrevista, lembra-se de Sandrino Santoro experimentando a peça no começo da década de oitenta, quando de sua visita à casa desse contrabaixista durante sua estada na cidade do Rio de Janeiro. Tanto Defayé quanto Viana utilizam a corda (I) Sol e a (II) Ré, sobre as quais podemos posicionar os dedos 1 e 2, ou 2 e 3 sobre cada intervalo de quarta justa. No entanto, aconselha-se um estudo preliminar de escalas e arpejos com os dois dedos nas respectivas cordas, principalmente na região aguda do espelho.

Exemplo 71

Cordas duplas no intervalo de quartas justas – Mov. I, compassos 34-47

No decorrer das investigações sobre cordas duplas no contrabaixo, Andersen cogitou uma sequência de quintas justas, no lugar das quartas. Tendo sido alertado para o fato da dificuldade de afinação da sequência de quintas na região do capotasto – parte do espelho onde se localizam as notas agudas –, o emprego das quintas (com o dedo 4 na nota superior aguda e o 1 na inferior grave) e oitavas (com o dedo 4 na superior aguda e corda solta na inferior grave) tornou-se uma opção na região grave, uma vez que a técnica de mão esquerda ocasiona menos problemas para a afinação nesse registro (Exemplo 72). Porém, deve-se observar que, para obter qualidade em cordas duplas nesta região, é necessário um instrumento com boa ressonância na caixa acústica.

Exemplo 72

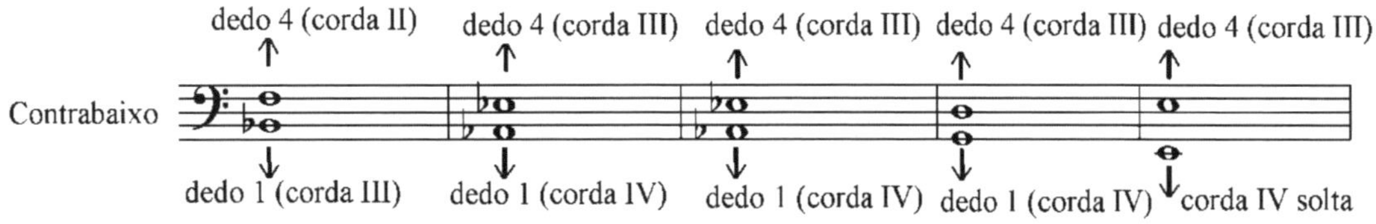

Emprego de cordas duplas na região grave – Mov. I, compassos 77-81

Os compositores do século XX lançaram mão dos harmônicos (*flageolet*) como um dos recursos idiomáticos mais frequentes no contrabaixo. O compositor argentino Alberto Ginastera[89] considera os harmônicos do contrabaixo "mais transparentes e puros", se comparados aos do violino, principalmente pela constância da sonoridade (Walter, 1979). Na *Sonata para Contrabaixo e Piano*, Andersen Viana explora este recurso de diversas maneiras e em diversas passagens. Duas das mais marcantes se localizam no Mov. I. Na primeira (compassos 116-123), aparece na corda (III) Lá em forma de arpejos, depois na (II) Ré e (I) Sol. Ao deslizar o dedo 2, o mais apropriado para o dedilhado, sobre cada corda e na rapidez exigida pelo tempo e ritmo, surge um efeito arpejado, lembrando os *glissandi* ou *quasi glissandi* (Exemplo 73). Na segunda (compassos 166-172), o compositor também utiliza as três primeiras cordas, porém, de maneira alternada, demandando o uso de quatro dedos da mão esquerda. Nesse caso, os arpejos, escala e melodia demonstram a versatilidade dos harmônicos no contrabaixo nos variados registros.

[89] **Alberto Evaristo Ginastera** (1916-1983) foi um compositor argentino e um dos mais importantes criadores musicais do século XX na América Latina. Nasceu em Buenos Aires e estudou no conservatório desta cidade, até graduar-se em 1938. Depois de residir nos Estados Unidos entre 1945 e 1947, onde estudou com Aaron Copland em Tanglewood, volta à sua cidade natal e, com outros compositores, funda a Liga de Compositores da Argentina. Atua como professor e muda-se para os Estados Unidos em 1968 e para a Europa em 1970. Falece em Genebra, em 1983. Sua obra inclui as óperas *Don Rodrigo*, *Bomarzo* e *Beatrix Cenci*, dois concertos para piano, dois concertos para violoncelo, um concerto para violino e um para harpa, outras peças orquestrais, música de balé (*Panambi*, entre outras), música de câmara e um grande número de obras para piano. Ginastera dividiu sua música em três períodos: o do "nacionalismo objetivo", o do "nacionalismo subjetivo" e do "neoexpressionismo".

Exemplo 73

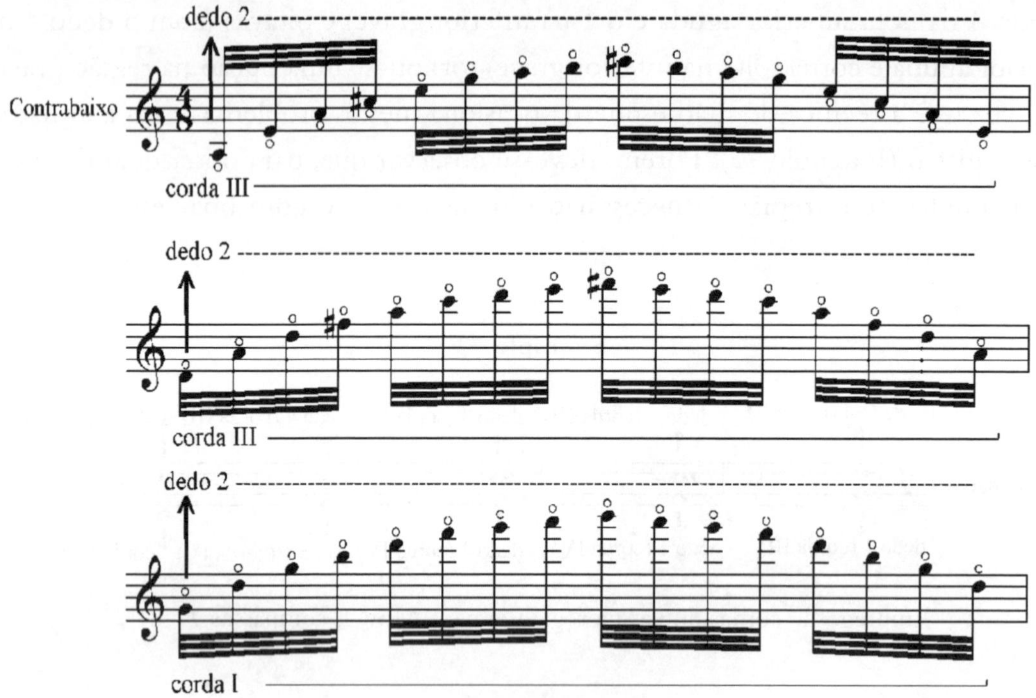

Efeito de arpejos *quasi-glissandi* através de harmônicos – Mov. I, compassos 116, 118 e 121

Exemplo 74

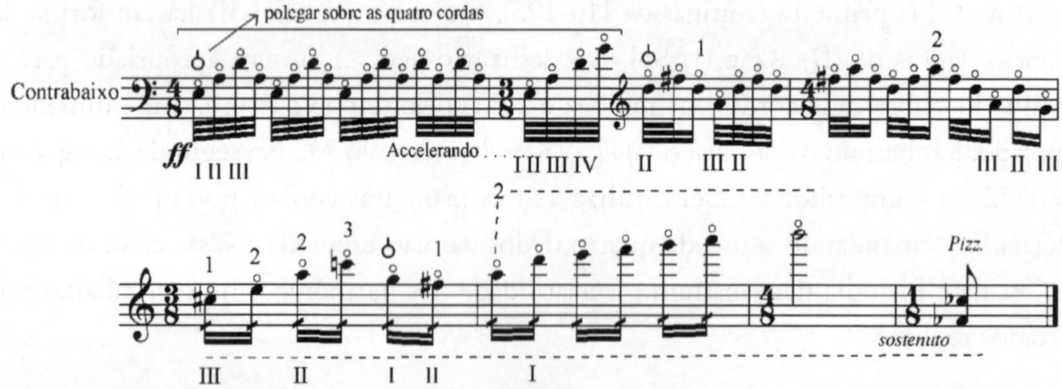

Legenda:
ዕ = polegar no harmônico
1, 2, 3, 4 = dedos da mão esquerda
I, II, III, IV = cordas

Arpejos, escala e melodia em harmônicos naturais – Mov. I, compassos 166-172

A grande extensão do contrabaixo, que comporta cinco oitavas, e sua grande dimensão (aproximadamente 1,90 m de altura), permitiu aos compositores explorarem os contrastes de registro superagudos e graves. Nessa *Sonata*, no Mov. I (compassos

171-172), um salto descendente da nota Si5 até as cordas duplas Láb 1 e Mib1 (Exemplo 74) confirma tal possiblidade. O fato de a mão esquerda realizar um longo deslocamento por sobre o instrumento, além da troca do arco (Si5) pelo *pizzicato* (Láb1 e Mib1), pode ocasionar uma dificuldade na colocação precisa dos dedos 1 e 4 no intervalo de quinta justa. De acordo com o compositor (Viana, 2000),

> [...] essas dificuldades fazem parte da vida do intérprete, que sempre se deparará com grandes desafios a serem vencidos. A partir do momento em que se superam uns, outros novos surgem, reiniciando então o ciclo. Por esta razão o intérprete deverá se preparar constantemente (educação continuada) para que consiga vencer os obstáculos que surgirão em sua vida profissional, não escolhendo o caminho mais fácil, mas sim, procurando superar todas as dificuldades através do desenvolvimento técnico máximo, através de muita dedicação ao instrumento. Somente assim, será possível se tornar um grande músico.

Exemplo 75

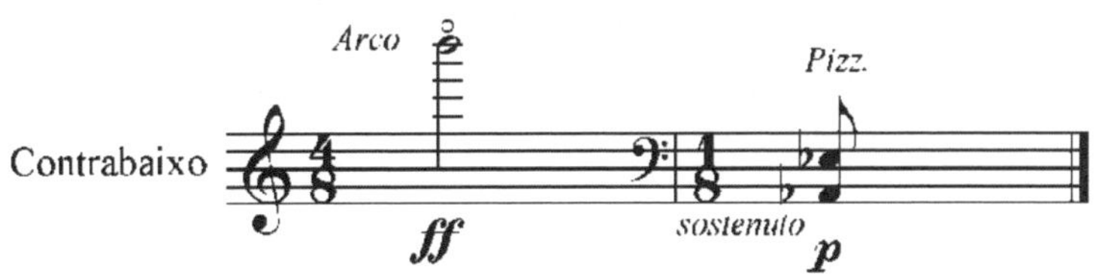

Contraste do registro superagudo com o grave – Mov. I, compassos 171-172 (final)

O *glissando* tornou-se também outro recurso bastante comum nas composições modernas para contrabaixo. Na obra de Andersen Viana ele aparece de maneira bem apropriada para o instrumento, principalmente nas cordas duplas. Novamente explorando o intervalo de quarta justa – algo estrutural e temático na *Sonata* –, o compositor, por vezes, o escreve na região média, onde esse efeito tem maior sonoridade e ressonância. Como exemplo, temos no Mov. I (compassos 18-19) um *glissando* descendente dessa região, através das notas Sib e Mib, até as cordas duplas mais graves, Mi e Lá (Exemplo 76). Apesar de escrito praticamente dentro de duas oitavas, a rapidez da passagem em *pizzicato* permite a audição de apenas uma oitava. Esse fato ocorre devido à interrupção do *glissando* pelas cordas soltas Ré e Sol, nas quais o intervalo de quarta justa fica mais apropriadamente articulado. Embora aconteça a interrupção do som, essa sugestão de realizar o *pizzicato* nas cordas I e II desobriga o intérprete de um movimento mais difícil da mão esquerda no *capotasto*, através da corda III com o Mib e da IV corda com o Sib.

Exemplo 76

Glissando com *pizzicato* em cordas duplas na região média para grave – Mov. I, compassos 18-19

Quando o *glissando* com *pizzicato* acontece a partir das regiões grave e média, normalmente resulta em uma boa sonoridade. No caso dos registros agudo e superagudo, a ressonância com *pizzicato* é menor, porém, com arco, o *glissando* torna-se mais evidente. Nos compassos 60-61 do Mov. I, com a quarta justa escrita nos harmônicos naturais Lá5 – Ré5, *glissando* até as cordas soltas Ré e Sol, o compositor optou pela articulação com o arco para obter ressonância e sonoridade compatível com tais notas agudas. Semelhante ao exemplo anterior, essas notas, mesmo localizando-se nas próprias cordas Ré e Sol, não atingem todo o percurso do *glissando.* A rapidez do trecho conduz também a uma interrupção, mesmo sem a necessidade de mudança de cordas (Exemplo 77).

Exemplo 77

Glissando com o arco nos harmônicos no registro extremo agudo – Mov. I, compassos 60-61

O *pizzicato*, apesar de bastante utilizado em todos os instrumentos de cordas, no contrabaixo possui uma peculiaridade. Como tem a possibilidade de provocar uma ressonância maior dos harmônicos naturais, por causa da grande caixa acústica e das notas graves, o contrabaixo se caracteriza também como instrumento acompanhador. No Exemplo 78, Andersen Viana utiliza sua ressonância para gerar notas que faltam nos acordes triádicos da mão esquerda do piano (Mov. I, compassos 72-75), sejam elas a sétima ou a quinta de acordes de sétima da dominante.

Exemplo 78

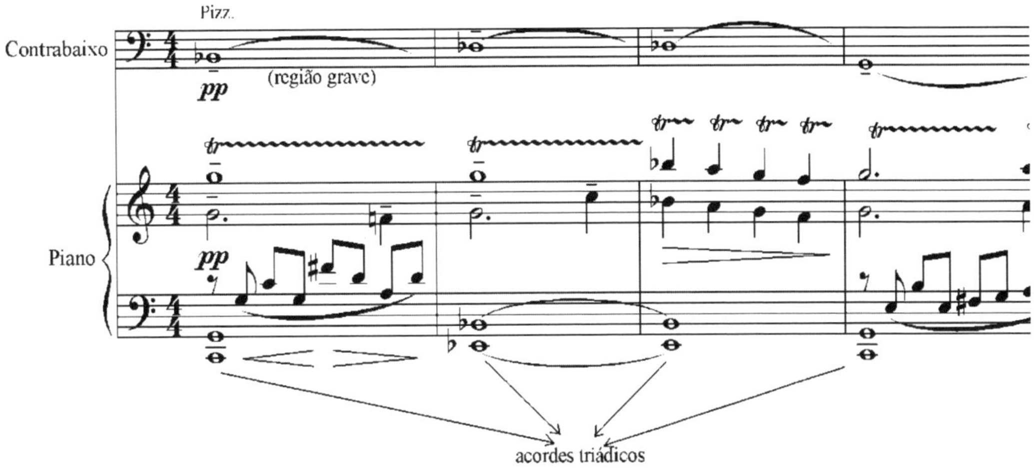

Pizzicato no contrabaixo complementando a harmonia
da mão esquerda do piano – Mov. I, compassos 72-75

Em outras passagens do Mov. I (compassos 45, 47, 49, 51, 53 e 54), o *pizzicato*, realizado com o polegar da mão esquerda nas cordas soltas III (Lá) e depois IV (Mi), juntamente com o arco, através dos dedos 2 e 3 da mesma mão nas cordas II (Ré) e I (Sol), em notas agudas, criam um jogo de dois timbres diferentes. Apenas no compasso 54 articula-se o arco nas duas vozes (Exemplo 79). Por outro lado, os intervalos de quartas justas agudas com o arco e o *pizzicato* nas notas graves exploram outra linguagem, a do contraste de tessituras.

Exemplo 79

Mistura do timbre do *pizzicato* de mão esquerda com arco, com contraste de
notas agudas e graves – Mov. I, compassos 45, 47, 49, 51, 53 e 54

Em outro trecho, na *cadenza* do Mov. III, compasso 97, surge uma nova estrutura de contraste entre tessituras. Neste caso, na parte grave aparecem as quartas justas das cordas soltas (III) Lá e (IV) Mi, que não soam simultaneamente com a parte aguda, como no exemplo anterior, mas separadamente (Exemplo 80). Apesar de possível e idiomática, essa passagem exige certa precaução para que as cordas soltas não soem excessivamente percussivas.[90] O compositor se precaveu e as colocou em *pizzicato*. No entanto, a variação métrica e rítmica, assim como a agilidade exigida pelo caráter de *selvaggio e con ferocitá*, dificulta a alternância *pizzicato*/arco. Cabe, portanto, algumas sugestões de realização de passagem – além da escrita original – com comentário das respectivas vantagens e desvantagens.

1. *Arco nas notas agudas e Pizz. arpejado nas notas graves com o polegar da mão direita*

Facilita a retomada do arco, preso na mesma mão pelos outros dedos; porém, a alternância não permite tanta rapidez na *cadenza*.

2. *Arco nas notas agudas e Pizz. não arpejado (Plaqué) nas notas graves*

Para articular as notas graves simultaneamente, como escrito na partitura, usam-se os dedos 1 e 2 da mão direita, enquanto os dedos 3 e 4 seguram o arco juntamente com o polegar. Apesar de proporcionar maior clareza do intervalo de quarta justa, essa opção dificulta ainda mais a alternância *Pizz.*/Arco.

3. *Arco nas notas agudas e Pizz. com a mão esquerda nas notas graves*

Solução sugerida por Andersen Viana. Os *Pizz.* nas notas graves com a própria mão esquerda facilitam a alternância *Pizz.*/Arco. Com os dedos 2 e 3 (ou 2 e 1) da mão esquerda se posicionando nas cordas I e II, o polegar se coloca muito esticado para articular as cordas soltas III e IV, as quais resultarão em forma de arpejo. Essa dificuldade do polegar provoca pouca intensidade nas respectivas cordas.

4. *Arco nas duas vozes*

Opção sugerida por este autor. Proporciona maior agilidade e conforto das duas mãos com relação às demais opções. No entanto, as notas graves, escritas originalmente em *Pizz.*, contrariam a concepção do compositor ao serem articuladas com o arco.

---

[90] Assunto já abordado no capítulo "A *Sonata para Contrabaixo e Piano* de Andersen Viana", na seção "Aspectos da Interpretação".

Exemplo 80

Contraste das tessituras grave/aguda e
alternância de *Pizz.*/Arco – Mov. III, *cadenza*, compasso 97

Finalmente, no Mov. II (compassos 15-20) aparece uma passagem, a princípio pouco idiomática, mas possível de execução, graças às técnicas atuais de estudo do *capotasto* e ao andamento lento do movimento. Localizada na parte aguda do contrabaixo, a melodia possui graus conjuntos e saltos com intervalos maiores, como sexta e sétima. A frase finaliza com a nota Ré na região aguda extrema, em um harmônico natural (Exemplo 81).

O uso do polegar da mão esquerda como condutor e referência dos outros dedos facilita a articulação e a afinação dessas notas na região aguda do espelho. Essa técnica do *capotasto*, desenvolvida por vários autores, tem destaque nos métodos de Simandl (1984), Petrachi (1982) e Streicher (1978).

Tal abordagem procura manter a mão esquerda em posições fixas e móveis através de várias "fôrmas" da mão esquerda. Por um lado, garante a localização das notas na região aguda, mas dificulta um pouco a amplitude dos dedos durante o *vibrato*. Outra técnica consiste em deslizar apenas os dedos 1 e 2 por cima da corda (I) Sol ou (II) Ré, procurando achar as posições de cada nota através da visualização das várias escalas na região do *capotasto*. Gary Karr, um dos mentores dessa ideia, propõe estudos preliminares com cada dedo e corda separadamente, através de saltos de intervalos em ordem crescente, formando até oitavas, os quais ele apelidou de *vomits* (vômitos). Nesse caso, como os dedos da mão esquerda ficam mais livres e independentes, principalmente do polegar, o *vibrato* tem possibilidade de maior amplitude, consequentemente, maior qualidade.

Exemplo 81

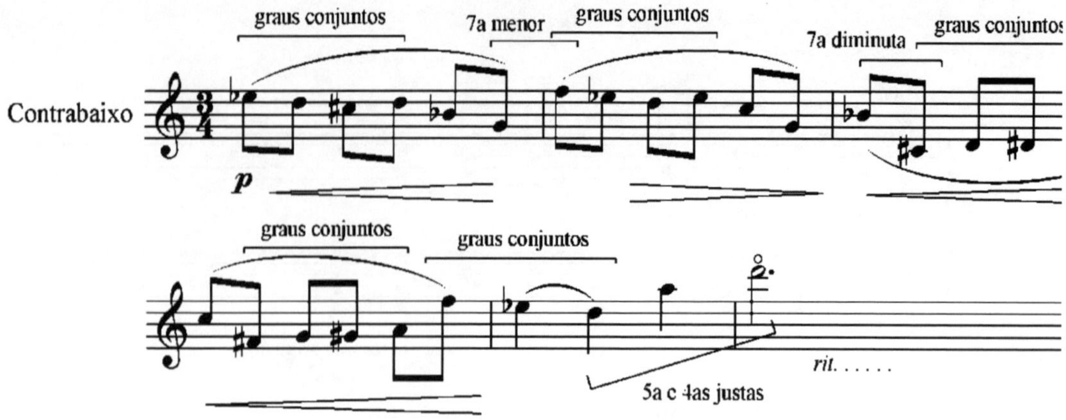

Melodia idiomática na região aguda, com graus conjuntos e intervalos amplos – Mov. II, compassos 15-18

Considerações finais

Ao realizarmos uma biografia inédita de Andersen Viana, tivemos a oportunidade de conhecer melhor seu estilo e contextualizá-lo entre as tendências estéticas e os compositores brasileiros pós-modernos. O ecletismo de seu repertório demonstra um preparo técnico e criativo para trabalhar com diversas correntes estéticas, embora se concentre mais na tendência neoclássica/neorromântica/neonacionalista e priorize a linguagem instrumental. Como atualmente se dedica totalmente à composição, ao revelar um personagem com tal disponibilidade, registramos dois aspectos significativos: ele se destaca no cenário musical do estado de Minas Gerais como compositor – principalmente, na cidade de Belo Horizonte, região que está ainda construindo sua história na área da composição – e como um dos compositores brasileiros mais ecléticos.

Na sua *Sonata para Contrabaixo e Piano*, através da análise formal, observamos um domínio das formas tradicionais e uma noção de estilização das mesmas, fato que o insere na estética musical do século XX. A prioridade pelas macroestruturas (formas musicais) e desapego pelas microestruturas (relações tonais) tornaram-se outro aspecto comprovante de tal contextualização. Dentro das formas, ao empregar blocos politonais e polirrítmicos, confirmamos sua relação com as concepções neoclássicas, neorromânticas e neonacionalistas.

Já nos aspectos interpretativos e de *performance*, o referencial teórico utilizado possibilitou a evidência de trechos melódicos de maior interesse e, principalmente, os rítmicos, estruturais nessa *Sonata*. Outros pontos, como articulação, regulação de intensidade e técnica do arco e do *pizzicato,* foram baseados na experiência de interpretação dessa obra por parte deste autor, que também é contrabaixista. Este trabalho permitirá aos futuros intérpretes optar por caminhos mais certos e seguros, sem desmerecimentos de outras experimentações.

Com relação à linguagem, de fato, a *Sonata* obteve um resultado idiomático, principalmente através do uso de efeitos sonoros nas diversas regiões do instrumento. Nos registros grave, médio, agudo, superagudo e dos harmônicos naturais, podemos selecionar os seguintes efeitos: *glissandi*, com *pizzicato* ou arco, em cordas duplas e simples; harmônicos (*flageolet*) naturais e artificiais; cordas duplas, formando diversos intervalos (principalmente os de quartas e quintas justas); e contraste de timbres, como *pizzicato*/arco e notas agudas/graves. Do ponto de vista da construção melódica, em trechos com andamento rápido, observamos noção do aproveitamento de cordas soltas para facilitar a realização de graus conjuntos e de posições fixas da mão esquerda. Nas frases melódicas em registros agudo e superagudo, constatamos a consciência do primeiro harmônico natural das cordas I (Sol) e II (Ré) como referência do *capotasto*, possibilitando, até mesmo, saltos de intervalos maiores que os de grau conjunto.

Como compositor, Andersen Viana utilizou com propriedade os recursos técnicos, de estilo, estéticos e criativos para elaboração dessa obra. Como violista, certamente tem ótima noção dos efeitos, técnicas e linguagem dos instrumentos de corda e arco, mas não da especificidade do contrabaixo. Por isso, não podemos deixar de registrar a importância da colaboração de um contrabaixista no decorrer do trabalho composicional, revelando conhecimento e ferramentas para a utilização de todas as possibilidades descritas.

Por fim, ao demonstrar a importância de interação compositor-intérprete através deste trabalho, fica um incentivo para a continuação e a permanência de pesquisas na área, assim como para a colaboração entre duas áreas distintas (composição e interpretação) e, consequentemente, para a criação de novas obras musicais para o contrabaixo. A *Sonata para Contrabaixo e Piano*, como fruto desse tipo de pesquisa e trabalho, e através desta publicação, integra com maior destaque, a partir de agora, o repertório específico para contrabaixo e piano.

O compositor dando aulas na Fundação Clóvis Salgado, no Palácio das Artes
em Belo Horizonte, 2011

Edição eletrônica
do segundo movimento

ANDERSEN VIANA

SONATA

(1996)

Para Contrabaixo e Piano

SONATA

Para Contrabaixo e Piano

- II -

ANDERSEN VIANA

SONATA

Andersen Viana

SONATA

Andersen Viana

SONATA

Andersen Viana

SONATA

Andersen Viana

SONATA

Andersen Viana

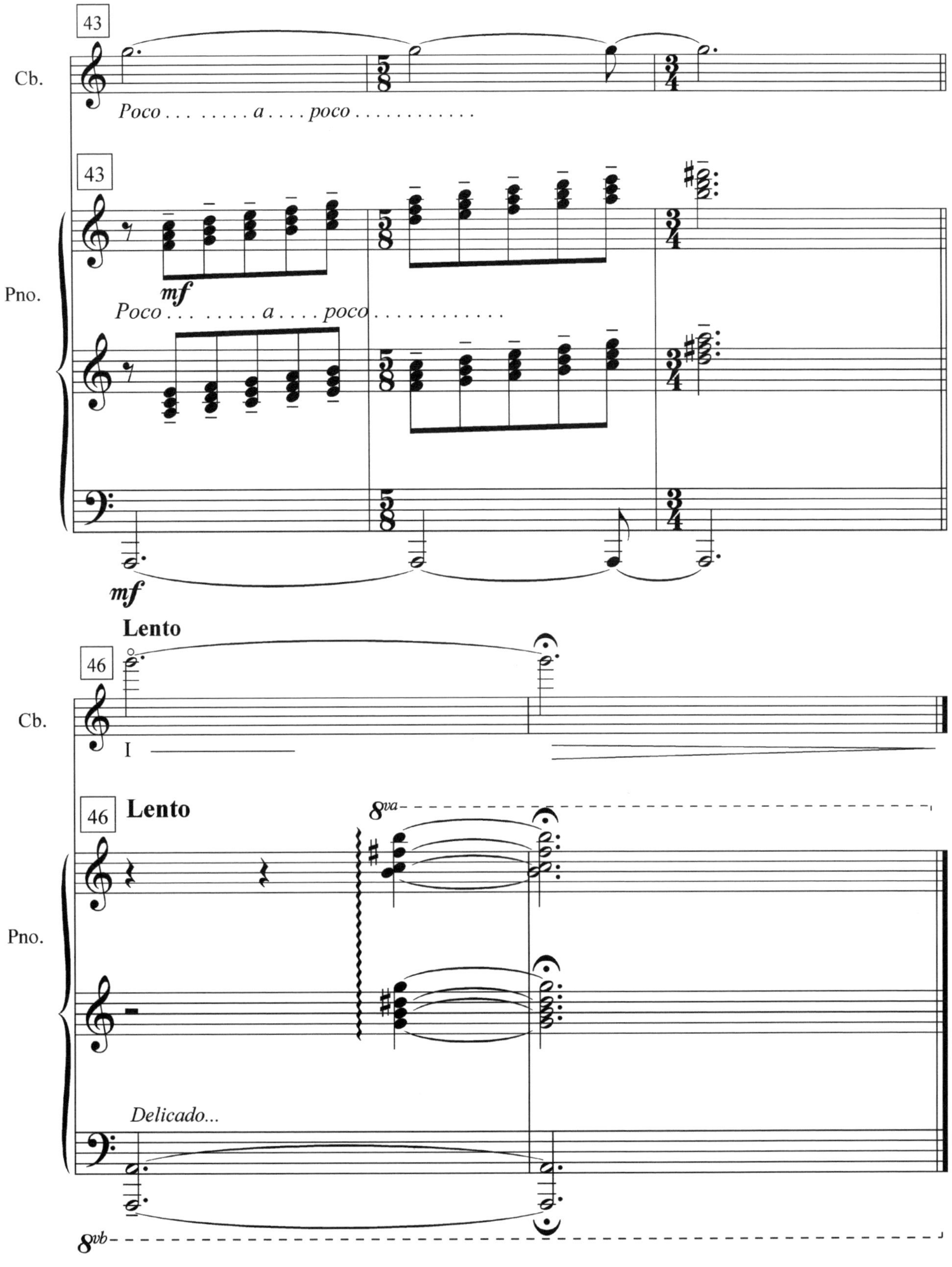

CONTRABAIXO

SONATA

(Afinação: F#, B, E, A)

Para Contrabaixo e Piano

- II -

ANDERSEN VIANA

29
A Tempo
Rit. . . .
mf
33
36
Afrettando . . . . Cresc . . . .
f
40
Poco Rit. . . .
Rall. . . . .
Poco . . . a . . . poco . . . .
Lento
44
I

Extratos do manuscrito do compositor (Movs. I e III)

14
LEGGERO
Pizzb
Gliss
ARCO
17
8a bassa
20
SONORO
Loco
SONORO
8a bassa
Loco
TRb
24
Loco

TRb
8a
8a
loco
8a bassa
Loco
8a

2 CONTRABAIXO (F#, B, E, A) SONATA MOV. I A. VIANA

CONTRABAIXO
SONATA
MOV. III
A. VIANA
SELVAGGIO
ARCO
f CON FEROCITÀ
Pizz
Pizz.

Lista de obras musicais de Andersen Viana

1. *Solo para Voz Infantil*, com letra do compositor (1975) (sem registro)
2. *Flor do Céu para Flauta, Violão e Contrabaixo Elétrico* (1977) (perdida)
3. *Prelúdio nº 1 para Flauta e Piano* (1978)
4. *Prelúdio nº 2 para Flauta e Piano* (1979)
5. *Quarteto para Flautas* (1979) (perdida)
6. *Duo "Inseto" para Flauta e Contrabaixo* (1979) (perdida)
7. *Estudo nº 1 para Flauta e Piano* (1978)
8. *Estudo nº 2 para Flauta e Piano* (1979)
9. *Gotas de Cristal para Flauta e Piano* (1979)
10. *Adagio e Allegro para Flauta e Piano* (1979)
11. *Trio para Flautas* (1979)
12. *Fantasieta para Flauta e Piano* (1979)
13. *24 Solfejos a Duas* Vozes (1979)
14. *Prelúdio nº 3 para Flauta e Piano* (1979)
15. *Pastoral I para Flauta e Piano* (1979)
16. *Pequena Suíte para Flauta e Violoncelo* (1980)
17. *Estudo nº 3 para Flauta Solo* (1980)
18. *Personagens para Piano Solo* (1981)
19. *Apenas uma Impressão para Piano Solo* (1981)
20. *Ponteio para Violino, Viola e Violoncelo* (1981)
21. *Três Peças para Violino e Viola* (1981)
22. *Entretenimentos nº 1 para Flauta e Viola* (1982)
23. *Entretenimentos nº 2 para Viola e Orquestra de Cordas* (1983)
24. *Entretenimentos nº 3 para Orquestra de Cordas* (1983)
25. *Fantasieta para Violino Solo* (1983)
26. *Fantasieta para Viola Solo* (1983)
27. *Fantasia para Violino e Piano* (1983)
28. *Fantasieta para Trompa e Piano* (1984)
29. *Fantasieta para Oboé Solo* (1984) (editada pela Éditions de La Fabrique Musique, França)
30. *Fantasieta para Trombone Tenor Solo* (1984) (editada pela Éditions de La Fabrique Musique, França)

31. *Fantasieta para Fagote Solo* (1984)

32. *Fantasieta para Viola e Piano* (1984)

33. *Quarteto de Cordas nº 1 para Violino I, Violino II, Viola e Violoncelo* (1984)

34. *Quarteto Breve nº 1 para Trompas (F)* (1984)

35. *Monólogo para um Amigo para Saxofone Alto* (1985) (editada pela Éditions de La Fabrique Musique, França)

36. *Poema Metral para Orquestra Sinfônica* (1985)

37. *Ragtime para Quatro Partes* (1986)

38. *Peça em Forma de Jazz para Piano Solo* (1986)

39. *Canção de Amor para Saxofone Alto e Vibrafone* (1986) (editada pela Éditions de La Fabrique Musique, França)

40. *Suíte Floral para Orquestra de Câmara e Piano* (1986)

41. *Vocalijazz nº 1 para Coro Misto, Piano, Contrabaixo e Bateria de Jazz* (1987)

42. *Vocalijazz nº 2 para Coro Misto, Piano, Contrabaixo e Bateria de Jazz* (1987)

43. *Vocalijazz nº 3 para Coro Misto, Piano, Contrabaixo e Bateria de Jazz* (1987)

44. *Vocalijazz nº 4 para Coro Misto, Piano, Contrabaixo e Bateria de Jazz* (1987)

45. *Vocalijazz nº 5 para Coro Misto, Piano, Contrabaixo e Bateria de Jazz* (1987)

Dezessete Quadros Musicais para Um Instrumento Solista e Um Instrumento Harmônico (1987-88)

46. *Tema de Abertura*
47. *Tema Espiritual*
48. *Tema Velho*
49. *Tema Duka*
50. *Tema de Samba Panorâmico*
51. *Tema Lânguido*
52. *Tema de Carnaval Nordestino*
53. *Primeiro Tema*
54. *Tema Ão (descartado)*
55. *Tema Sol*
56. *Tema Uno*
57. *Tema-Teima*
58. *Tema Brando*
59. *Tema Melancólico (descartado)*
60. *Tema Rural*
61. *Tema Relâmpago*
62. *Tema de Fechadura*

63. *Trio nº 1 para Violino, Violoncelo e Piano* (1987)

64. *Quarteto Breve nº 2 para Trompas (F)* (1987)

65. *Canção para Saxofone Tenor (ou Trompete Bb) e Piano* (1987)

66. *Música Ocasional I para Narrador, Flauta, Contrabaixo e Percussão* (1987), poemas de vários autores brasileiros
67. *Canção I para Voz e Piano* (1987), poema de José Enokibara
68. *Além da Terra, Além do Céu para Voz e Piano* (1988), poema de Carlos Drummond de Andrade
69. *Caçador de Estrelas para Voz e Piano* (1986), do livro *Martu*, com poema de Elizabeth Hazin
70. *Fuga nº 1 em Fá menor para Piano Solo ou Teclado* (1988)
71. *Fuga nº 2 em Mi Bemol Maior para Piano Solo ou Teclado* (1988)
72. *Fuga nº 3 em Sol maior para Piano Solo ou Teclado* (1988)
73. *Quatro Peças "New Age" para Piano Solo* (1988)
74. *Quinteto de Saxofones* (1988)
75. *Preludio e Allegro para Violino e Piano* (1988)
76. *Primeiro Tema para Trompetes (Bb) I, II e III, Trompa (F), Bombardino (C) I e II, Trombone Tenor e Tuba* (1988)
77. *Peça em Forma de Jazz para Trompetes (Bb) I, II e III, Trompa (F), Bombardino I e II, Trombone Tenor e Tuba(C)* (1988)
78. *Concerto (em um movimento) para Bombardino (C) solo, Trompetes (Bb) I, II e III, Trompa (F), Bombardino (C) I e II, Trombone Tenor I e II, e Tuba (C)* (1988)
79. *Sonata para Flauta e Piano* (1988)
80. *Quatro Peças "New Age" para Orquestra Sinfônica* (1989)
81. *Fruta no Pé para Voz e Instrumento Harmônico* (1989), poema de Maria Lúcia Godoy
82. *Suíte Brasileira para Piano a Quatro Mãos* (1989)
83. *Pétalas de Cristal para Flauta, Trompa (F), Trombone Baixo, Piano e Cordas* (1989)
84. *Suíte Verde para Orquestra de Câmara* (1989)
85. *Balé Pantomina (Ying and Yang) para Orquestra Sinfônica* (1989)
86. *Quarteto de Cordas nº 2 para Violino I, Violino II, Viola e Violoncelo* (1990)
87. *Variações Sinfônicas para Orquestra Sinfônica* (1990)
88. *Fruta no Pé para Orquestra Sinfônica e Coro Infantil*, poema de Maria Lúcia Godoy (1990)
89. *Baleia Fofinha para Voz Solo e Um Instrumento Harmônico* (poema de Maria Lúcia Godoy) (1990)
90. *Prelúdios Encantados nº 1 para Teclado Sintetizador* (1990)
91. *Prelúdios Encantados nº 2 para Teclado Sintetizador* (1990)
92. *Prelúdios Encantados nº 3 para Teclado Sintetizador* (1990)
93. *Prelúdios Encantados nº 4 para Teclado Sintetizador* (1990)
94. *Prelúdios Encantados nº 5 para Teclado Sintetizador* (1990)
95. *Prelúdios Encantados nº 6 para Teclado Sintetizador* (1990)
96. *Quarteto de Cordas nº 3 para Violino I, Violino II, Viola e Violoncelo* (1990)
97. *Suíte Brasileira e Americana para Flauta e Violoncelo* (1991)

98. *Preludio e Allegro para Violoncelo e Piano* (1991)
99. *Trio nº 2 para Violino, para Violoncelo e Piano* (1991)
100. *Quinteto de Cordas nº 1 para Violino I, Violino II, Viola e Violoncelo e Contrabaixo* (1991)
101. *Suíte Clássica para Conjunto de Flautas Doce e Piano ou Teclado* (1991)
102. *Cora-Cori para Voz e Instrumento Harmônico*, poema de Rogério Z. Santiago (1991)
103. *Pendulum para Voz e Instrumento Harmônico*, poema de Rogério Z. Santiago (1991)
104. *Despertar para Voz e Instrumento Harmônico*, com letra do compositor (1990)
105. *A Lenda de Tamacavi para Coro Misto* A Cappella, com texto do compositor e canto tradicional Pareci (1991)
106. *Quatro Peças "New Age" para Violino e Piano* (1992)
107. *Canção de Amor em Forma de Jazz para Um Instrumento Solo e Um Instrumento Harmônico* (1992)
108. *Amazônicas nº 1 para Quarteto de Cordas e Flauta de Bambu* ad libitum (1992)
109. *As Aventuras de Reiner Hoffman no País do Cauim para Orquestra de Câmara (flauta (G), clarineta (Bb), xilofone, celesta, dois pianos e violino I, violino II, viola, violoncelo e contrabaixo)* (1992)
110. *Xingu – Poema Sinfônico-Ecológico para Orquestra Sinfônica* (1992)
111. *As Sacerdotisas do Templo de* Vesta *para Orquestra Sinfônica com uso de Instrumentos Antigos* (1992)
112. *Canção prá Gente para Voz Solo e Instrumento Harmônico*, com letra do compositor (1992)
113. *Momentos Amazônicos para Quarteto Vocal (S,A,BB,B), Flautas (C-G), Violoncelo, Piano e Percussão* (1992)
114. *As Aventuras de Reiner Hoffman no País do Cauim para Soprano Solo e Grupo de Câmara* (1992)
115. *Música Ocasional II para Narrador, Flautim/Flauta, Viola e Percussão*, poemas de Márcia Theóphilo (1993)
116. *Guido, um conto infantil para Orquestra de Câmara* (1993)
117. *Melodia para Ela para Voz e Instrumento Harmônico*, com letra do compositor (1993)
118. *Duas Canções* (folclore brasileiro), *para Coro Misto* A Cappella (1993)
119. *Coeviacá (o mensageiro do fogo), poema fantástico para Orquestra Sinfônica* (1994)
120. *Ave Maria* (texto litúrgico tradicional em latim) *para Coro Misto* A Cappella (1994)
121. *Toccata para Piano Solo* (1995)
122. *Sinfonieta Clássica para Orquestra Sinfônica* (1995)
123. *Sonata para Contrabaixo e Piano* (1996)
124. *Quattuor para Orquestra de Cordas* (1996)
125. *Quarteto de Cordas nº 4 (Micro Quartet) para Violino I, Violino II, Viola e Violoncelo* (1996)

126. *Overture* (Paisagem Lunar: *Moonscape*) *para Sintetizador*, em arquivo de áudio (1996)
127. *Adagio Luna*r (Paisagem Lunar: *Moonscape*) *para Sintetizador*, em arquivo de áudio (1996)
128. *Invenção Espacial Alpha* (Paisagem Lunar: *Moonscape*) *para Sintetizador*, em arquivo de áudio (1996)
129. *Invenção Espacial Beta* (Paisagem Lunar: *Moonscape*) *para Sintetizador*, em arquivo de áudio (1996)
130. *Invenção Espacial Omega* (Paisagem Lunar: *Moonscape*) *para Sintetizador*, em arquivo de áudio (1996)
131. *Experimento I* (Paisagem Lunar: *Moonscape*) *para Sintetizador*, em arquivo de áudio (1996)
132. *Experimento II* (Paisagem Lunar: *Moonscape*) *para Sintetizador*, em arquivo de áudio (1996)
133. *Experimento III* (Paisagem Lunar: *Moonscape*) *para Sintetizador*, em arquivo de áudio (1996)
134. *Experimento IV* (Paisagem Lunar: *Moonscape*) *para Sintetizador*, em arquivo de áudio (1996)
135. *Tenochtitlan* (Paisagem Lunar: *Moonscape*) *para Sintetizador*, em arquivo de áudio (1996)
136. *Vida, Morte e Transfiguração de um Gato* (Paisagem Lunar: *Moonscape*) *para Sintetizador*, em arquivo de áudio (1996)
137. *Sinfonia nº 1 (Micro-Symphony) para Orquestra Sinfônica* (1997)
138. *BH é 100* (Hino) *para Voz e Instrumento Harmônico*, com letra de Murilo Antunes (1997)
139. *Hino para Belo Horizonte para Voz e Instrumento Harmônico*, com letra de Leri Faria Júnior (1997)
140. *José e Maria para Mezzo-soprano, Barítono, Coro Misto e Piano*, sobre poema de Romeu Sabará (1997)
141. *Sinfonia Ameríndia para Orquestra de Cordas* (1998)
142. *Suíte de Canções Infantis Brasileiras para Quarteto de Cordas* (1998)
143. *Suíte de Canções Infantis Brasileiras para Orquestra de Cordas* (1998)
144. *Étude para Grupo de Percussão* (1998) (Editada pela *HaMaR Percussion Publications*, EUA)
145. *Toccata para Banda Sinfônica* (1998)
146. *Sinfonia nº 2* (Curral D'El Rey) *para Orquestra Sinfônica, Banda de Música, Coro e Solistas Instrumentais Variados* (1999)
147. *Sinfonia nº 3* (Terra Brasilis) *para Orquestra Sinfônica* (1999)
148. *Jução-do-Mato* ("Opera Folk" em um ato) *para Orquestra de Câmara, Solistas, Atores, Coro e Balé*, libreto do compositor (1999)

149. *A Cartomante – Pequena Suíte para Saxofone Soprano, Saxofone Alto, Violoncelo, Percussão e Sintetizador*; música extraída do filme homônimo de C. Costa Val (1999)

150. *Sete Hai-Kais Musicais para Voz e Sintetizador*, poemas de Geraldo Elísio (1999)

151. *Fuga em Dó Maior* (em estilo clássico) *para Piano Solo* (1999)

152. *Prèlude Enchanté para Orquestra de Violoncelos* (1999)

153. *Song para Orquestra de Violoncelos* (1999)

154. *Fugato para Orquestra de Violoncelos* (1999)

155. *Extremos da Cor – Canção para Voz e Piano*, poema de L. Tucci (2000)

156. *Hermafrodita – Canção para Voz e Piano*, poema de L. Tucci (2000)

157. *Por Um Fio! – Reggae*, para Voz e Piano, poema de L. Tucci (2000)

158. *Curraes – Canção*, para Voz e Piano, poema de L. Tucci (2000)

159. *Gráfico – Canção*, para Voz e Piano, poema de L. Tucci (2000)

160. *Terapêutico – Canção*, para Voz e Piano, poema de L. Tucci (2000)

161. *Praeludium et Fuga 9900 para Flauta I e II, Oboé, Clarineta (Bb) I e II, Fagote, Trompa (F), Trompete (Bb), Trombone tenor-baixo, Tuba, Saxofone alto, Piano a quatro mãos, Percussão I e II, Violino I, Violino II, Viola, Violoncelo e Contrabaixo* (2000)

162. *Suíte Marília de Dirceu*, para Flauta Doce, Flauta, Oboé, Corne Inglês, Orquestra de Cordas, Coro, Soprano Solo e Teclado Sintetizador, extraída do filme *Corações Ardentes, Eu Fui Marília de Dirceu,* de Raimundo Evans (2000)

163. *Diálogos da Solidão para Piano e Violino* (2001)

164. *Sinfonia 4 (JK) para Orquestra Sinfônica, Coro Misto, Narrador* e CD áudio pré-gravado com texto de Renato Martins (2001)

165. *Três Peças (Three Pieces-Trois Pièces) para Orquestra de Cordas* (2001)

166. *Micro-Suíte para Orquestra Sinfônica* (2001)

167. *Hino à Justiça para Voz (ou vozes mistas) e Piano*, com letra de Murilo Antunes (2001)

168. *Três Peças (Three Pieces) para Piano Solo* (2002)

169. *Peça de Concerto "in Blue"* (*"Concert Piece in Blue"*) *para Violino e Orquestra Sinfônica* (2002)

170. *Choro e Frevo para Saxofone Alto e um Instrumento Harmônico* (2003)

171. *Cantilena para Violino Solo* (2003)

172. *Cantilena para Viola Solo* (2003)

173. *Cantilena para Violoncelo Solo* (2003)

174. *Baião Lunar para Violão Solo* (2003) (Editada pela Bérben Edizione Musicali, Ancona, Itália)

175. *Suíte de Canções Infantis Brasileiras para Vozes Infantis e Quarteto de Cordas* (2003)

176. *Peça de Concerto "in blue" (Concert Piece in Blue) para Banda Sinfônica* (2003)

177. *Baião Lunar para Orquestra de Cordas* (2003)

178. *Improviso em Fá Maior para Piano Solo* (2003)

179. *Improviso em Lá Menor para Piano Solo* (2003)

180. *Improviso em Sol Maior para Piano Solo* (2003)

181. *Hybridus para Orquestra Sinfônica* (2004)

182. *Fuga II do "Teclado Bem-Temperado"* (BACH-ANDERSEN) *para Orquestra Sinfônica Jovem e Coro Misto Opcional* (2004)

183. *Fuga VI do "Teclado Bem-Temperado"* (BACH-ANDERSEN) *para Orquestra Sinfônica Jovem e Coro Misto Opcional* (2004)

184. *Fuga VII do "Teclado Bem-Temperado"* (BACH-ANDERSEN) *para Orquestra Sinfônica Jovem e Coro Misto Opcional* (2004)

185. *Fuga XVI do "Teclado Bem-Temperado"* (BACH-ANDERSEN) *para Orquestra Sinfônica Jovem e Coro Misto Opcional* (2004)

186. *Mínima Música para Orquestra Sinfônica* (2004)

187. *Quintetto para Flauta, Oboé, Clarineta (Bb), Trompa (F) e Fagote* (2004) (Editada pela Éditions de La Fabrique Musique , França)

188. *Divertimento para Flauta, Oboé, Clarineta (Bb), Trompa (F) e Fagote* (2004)

189. *Jogos Musicais nº 1 para Flauta, Oboé, Clarineta (Bb), Trompa (F) e Fagote* (2004)

190. *Baião Lunar para Violão e Orquestra de Cordas* (2004)

191. *Baião Lunar para Piano Solo* (2004)

192. *Primeira Neovalsa para Piano Solo* (2004)

193. *Segunda Neovalsa para Piano Solo* (2004)

194. *Choro Antigo para Flauta e Clarineta (Bb)* (2004)

195. *Suíte Latino-Americana* (em sete movimentos) *para Flauta e Quarteto de Cordas* (2004)

196. *Primeira Neovalsa para Violoncelo e Piano* (2004)

197. *Ameritango para Flauta e Piano* (2004)

198. *Amazônia para Flauta e Piano* (2004)

199. *"El Desierto" para Flauta e Piano* (2004)

200. *Sonho da Floresta Tropical para Contrabaixo-Narrador, Sons Eletrônicos e Orquestra* (2004)

201. *Ameritango para Flauta, Piano e Contrabaixo* (2005)

202. *Baião Lunar para Flauta, Piano e Contrabaixo* (2005)

203. *Alforria* (Samba), com letra de Geraldo Elísio (2005)

204. *Cadência do Amor* (Samba), com letra de Geraldo Elísio (2005)

205. *Dúvidas* (Samba), com letra de Geraldo Elísio (2005)

206. *Sambas de Amor* (Samba), com letra de Geraldo Elísio (2005)

207. *Navegar* (Samba), com letra de Geraldo Elísio (2005)

208. *Sem Dividir* (Samba), com letra de Geraldo Elísio (2005)

209. *Introitus* (canto inspirado no gregoriano) *para Vozes Masculinas* A Cappella (2005)

210. *Communio* (canto inspirado no gregoriano) *para Vozes Masculinas* A Cappella (2005)

211. *Segunda Neovalsa para Conjunto de Violas* (2005)

212. *Jogos Musicais nº 1 para Oboé I e II, Clarineta (Bb) I e II, Fagote I e II, Trompa (F) I e II e Contrabaixo Opcional* (2005)

213. *Primeira Neovalsa para Flügelhorn (ou Trompete Bb) e Piano* (2005)

214. *Suíte de Canções Infantis Brasileiras para Orquestra de Violoncelos* (2005) (Editada pela Tempo Press Ltd., EUA)

215. *Suíte Minas Gerais* para *Quinteto de Metais* (2005)

216. *A Cigarra e a Orquestra* (fábula musical) *para Narradora-Cantora e Orquestra*, com texto do compositor (2006)

217. *Aurealis para Orquestra* (2006)

218. *Hino da UFBA para Coro Misto em Uníssono e Orquestra* (2006)

219. *Música para o Documentário Minas Portuguesa, para Teclados Eletrônicos*, em arquivo de áudio (2006)

220. *Sinfonia nº 3* (Terra Brasilis) *para Banda Sinfônica* (2006)

221. *Grlashodbzntmev para Vibrafone e Marimba* (2006) (Editada pela *HaMaR Percussion Publications*, EUA)

222. *Arco-íris Musical para Grupo de Câmara* (2006)

223. *Quarteto para Flauta, Oboé, Clarineta(Bb) e Fagote* (2007) (Editada pela Éditions de La Fabrique Musique, França)

224. *Cinemúsica nº 1 para Orquestra* (2007)

225. *Cinemúsica nº 2 para Orquestra* (2007)

226. *Cinemúsica nº 3 para um Instrumento Solo e um Harmônico* (2007)

227. *O Coração do Mundo Bate Aqui para Voz e Piano* (2007), poema de Luiz Angélico

228. *Tema e Variações para Violão Solo* (2007) (Editada pela Balka Nota Ltd. Sofia, Bulgária)

229. *Arrombamento para Sintetizador* (do filme *Bem Próximo do Mal*), em arquivo de áudio (2007)

230. *Quarto e Berço para Sintetizador* (do filme *Bem Próximo do Mal*), em arquivo de áudio (2007)

231. *Escada Parker para Sintetizador* (do filme *Bem Próximo do Mal*), em arquivo de áudio (2007)

232. *Buraco da Porta para Sintetizador* (do filme *Bem Próximo do Mal*), em arquivo de áudio (2007)

233. *Cena Urbana para Sintetizador* (do filme *Bem Próximo do Mal*), em arquivo de áudio (2007)

234. *Embaixo da Cadeia para Sintetizador* (do filme *Bem Próximo do Mal*), em arquivo de áudio (2007)

235. *Corrida no Corredor para Sintetizador* (do filme *Bem Próximo do Mal*), em arquivo de áudio (2007)

236. *Duo com Plástico para Sintetizador* (do filme *Bem Próximo do Mal*), em arquivo de áudio (2007)

237. *Cobertura para Sintetizador* (do filme *Bem Próximo do Mal*), em arquivo de áudio (2007)

238. *Policial Girando para Sintetizador* (do filme *Bem Próximo do Mal*), em arquivo de áudio (2007)
239. *Peça I para Quarteto de Percussão* (2007)
240. *Suíte Latino-Americana para Orquestra Sinfônica* (2007)
241. *O Homem da Cabeça de Papelão* (tema do filme homônimo), em arquivo de áudio (2007)
242. *Suíte de Canções Infantis Brasileiras para Orquestra e Coro Infantil Opcional (2008)*
243. *Funcionário para Sintetizador* (do filme *Condenado*), em arquivo de áudio (2008)
244. *O Olhar*, para *Sintetizador* (do filme *Condenado*), em arquivo de áudio (2008)
245. *Corredor do Medo para Sintetizador* (do filme *Condenado*), em arquivo de áudio (2008)
246. *Katharsis I para Orquestra Sinfônica (2008)*
247. *Katharsis II para Orquestra de Câmara* (2008)
248. *Saltitante* (Choro) *para Um Instrumento Solo e Um Instrumento Harmônico* (2008)
249. *Melancolia* (Choro-valsa) *para Um Instrumento Solo e Um Instrumento Harmônico* (2008)
250. *Atrevido* (Choro) *para Um Instrumento Solo e Um Instrumento Harmônico* (2008)
251. *Cabuloso* (Choro) *para Um Instrumento Solo e Um Instrumento Harmônico* (2008)
252. *Aquarela Japonesa* (Choro) *para Um Instrumento Solo e Um Instrumento Harmônico* (2008)
253. *China Town* (Choro) *para Um Instrumento Solo e Um Instrumento Harmônico* (2008
254. *Delirante* (Choro) *para Um Instrumento Solo e Um Instrumento Harmônico* (2008)
255. *Fantasieta para Contrabaixo Solo* (2008)
256. *At Sunrise para Coro Misto* A Cappella (2008), poema de Bliss Carman
257. *Voices of Earth para Coro Misto* A Cappella (2008), poema de Archibald Lampman
258. *Canção à Paz para Coro Misto* A Cappella (2008), com letra do compositor
259. *Fantasia Brasileira para Grupo de Câmara* (2009)
260. *Missa Funk (Kyrie, Gloria, Credo, Sanctus* e *Agnus Dei) para Vozes em Uníssono, Percussão e Teclado* (2009)
261. *Sanctus* (da Missa Funk) *para Soprano, Tenor, Flauta, Oboé* (também percussão), *Clarineta (Bb) e Piano* (2009)
262. *Sanctus* (da Missa Funk) *para Soprano, Tenor, Flauta, 2 Oboés* (um dos quais também percussão), *2 Clarinetas (Bb), 2 Fagotes e 2 Trompas in F* (2009)
263. *Pedaço de Papel*, Tema Instrumental (2009)
264. *Chacona Rítmica para Voz Solo, Percussão e Teclado* (2009)
265. *I am Brazilian* (Canção) *para Vozes em Uníssono, Percussão e Teclado* (2009), com letra do compositor
266. *Katharsis III para Orquestra Sinfônica* (2009)
267. *Suíte Europa para Orquestra* (2010)
268. *Don Luciano para Bandolim e Piano ou Outro Instrumento Harmônico* (2010)
269. *Katica para Violino e Piano* (2010)
270. *Don Luciano para Violino e Piano* (2010)
271. *Ameritango para Violino e Piano* (2010)

272. *Primeiro Tema para Violino e Piano* (2010)

273. *Tema e Variações para Violino e Piano* (2010)

274. *Primeira Neovalsa para Violino e Piano* (2010)

275. *Segunda Neovalsa para Violino e Piano* (2010)

276. *Canção de Amor dos Mamulengos para Violino e Piano* (2010)

277. *Tema Antigo para Violino e Piano* (2010)

278. *Brando para Violino e Piano* (2010)

279. *Melancolia para Violino e Piano* (2010)

280. *Lânguido para Violino e Piano* (2010)

281. *Baião Lunar para Violino e Piano* (2010)

282. *Baião Lunar para Quarteto de Violões* (2010) (Editada pela Joachim-Trekel-Musikverlag, Alemanha)

283. *Primeira Neovalsa para Dois Violões* (2011) (Editada pela Joachim-Trekel-Musikverlag, Alemanha)

284. *Segunda Neovalsa para Dois Violões* (2011) (Editada pela Joachim-Trekel-Musikverlag, Alemanha)

285. *Ameritango para Três Violões* (2011) (Editada pela Joachim-Trekel-Musikverlag, Alemanha)

286. *Micropeças (Micropieces) para Viola Solo* (2011)

287. *Micropeças (Micropieces) para Violoncelo Solo* (2011)

288. *Micropeças (Micropieces) para Violino Solo* (2011)

289. *Quarteto Breve para 2 Trombones-tenor e 2 Trombones-baixo* (2011)

290. *Três Peças para Trompete (Bb) e Quarteto de Cordas* (2011)

291. *Praeludium et Fuga 9900 para Flauta, Oboé, Clarineta (Bb), Bandolim, Violão, Harpa, Piano, Percussão, Violino, Viola, Violoncelo e Contrabaixo* (2011)

292. *Sozinho no Inferno* (temas) *para Teclados* (em formato de áudio) (2011)

293. *Suíte de Canções Infantis Brasileiras para Vozes Infantis* (uníssono*) e Piano ou Teclado* (2011)

294. *Fuga in Lá menor para Marimba*, com três executantes (2011), sobre um tema de Cherubini (Editada pela *HaMaR Percussion Publications*, EUA)

295. *Fuga in Ré Maior para Marimba*, com três executantes (2011) (Editada pela *HaMaR Percussion Publications*, EUA)

296. *Fuga in Sib Maior para Marimba*, com três executantes (2011) (Editada pela *HaMaR Percussion Publications*, EUA)

297. *Segunda Neovalsa para Orquestra de Violoncelos* (2011)

298. *Pan Pada Ban para Coro Misto* a Cappela (2011)

299. *Micropeças para Violoncelo e Piano* (2012)

300. *Fantasieta para Violoncelo e Piano* (2012)

301. *Benedictus et Sanctus para Coro Misto a* Cappela (2012)

302. *Canção para Vibrafone e Marimba* (2012) (Editada pela *HaMaR Percussion Publications,* EUA)

303. *Preludio e Allegro para Flauta e Piano* (2012)

304. *Suíte de Canções Infantis Brasileiras para Flauta e Piano* (2012)

305. *Fantasieta para Tuba Solo (C e Bb)* (2012)

306. *Ameritango para Vibraphone* (dois músicos) *e Marimba* (dois músicos) (2012) (Editada pela *HaMaR Percussion Publications,* EUA)

307. *Toccata para Septeto de Metais: 2 Tpts. (Bb), 2 Tpas. (F), Tbne. Tenor, Tbne. Baixo e Tuba (C)* (2012)

308. *Ponteio para Orquestra de Cordas* (2012)

309. *Preludio "Para el Fin de los Tiempos" para Piano Solo* (2012)

310. *Cabuloso* (Choro) *para Violão Solo* (2012)

311. *Ameritango para Marimba Solo* (três músicos) (2013)

312. *Khatarsis IV para Orquestra* (2013)

313. *Apenas uma Impressão para Dois Violões* (2013)

314. *Fantasia Concertante para Orquestra Sinfônica* (2013)

315. *Sonata para Trompete (C) e Piano* (2013)

316. *Os Anjos para Orquestra de Sopros* (2013)

317. *Paisagens Sonoras para Piano, Percussão I, Percussão II, Violino I, Violino II, Viola, Violoncelo e Contrabaixo* (2013)

318. *Ave Maria, versão para coro masculino*: Bt.Bt. B.B. (2013)

319. *Micropeças para Piano Solo* (2014)

320. *Micropeças para Viola e Piano* (2014)

321. *Fanfarra* (para um Homem Solitário) *para Banda Sinfônica* (2014)

322. *Sete Micropeças para Theremin Solo* (2014)

323. *Toccata para Grupo de Trombones* (2014)

324. *Suíte Renascentista para Orquestra de Cordas* (2014)

325. *Fantasieta para Clarineta Baixo Solo* (2014) (Editada pela Alea Publishing Ltd., EUA)

326. *Baião Lunar para Flauta e Piano* (2014)

327. *Primeira Neovalsa para Flauta e Piano* (2014)

328. *Pavane para Conjunto de Metais e/ou Sopros com Percussão (banda)* (2014)

329. *Green Folk Suíte para Conjunto de Metais e/ou Sopros com Percussão (banda)* (2014)

330. *Yellow Folk Suíte para Conjunto de Metais e/ou Sopros com Percussão (banda)* (2014)

331. *Red Folk Suíte para Conjunto de Metais e/ou Sopros com Percussão (banda)* (2014)

332. *Blue Folk Suíte para Conjunto de Metais e/ou Sopros com Percussão (banda)* (2014)

333. *Tetralogia Folk para Orquestra de Cordas e Percussão I, II e III* (2014)

334. *Pavane para Oquestra de Cordas, Flauta, Clarineta (Bb), Percussão I,II e III* (2014)

335. *Para as Crianças* (Suíte 1) *para Piano Solo* (2014), versão simplificada e versão avançada

336. *Benedictus et Sanctus para Orquestra de Cordas* (2014)

337. *Para as Crianças* (Suíte 2) *para Piano Solo* (2014)
338. *Ave Maria*, versão *para Soprano (ou Tenor) e Piano* (2014)
339. *Segunda Neovalsa para Flauta e Piano* (2014)
340. *Tema e Variações para Três Violões* (2014)
341. *Chorale e Toccata para Octeto de Metais* (2014)
342. *Crateras de Marte para Piano Solo* (2014)
343. *Preludio para "El Fin de los Tiempos" para Piano e Percussão* (2014)
344. *Micro Abertura, para Quinteto de Metais* [Tpt.C I, Tpt.C II, Tpa F. Tbne,Tba C] (2015)
345. *Canide Iune para Coro Misto* A Cappella (2015)
346. *Koi Txangaré para Coro Misto* A Cappella (2015)
347. *Oração Ritual Caraíba para Coro Misto* A Cappella (2015)
348. *In E* (Em Mi) *para Coro Misto* A Cappella (2015)
349. *Olho de Hórus para Coro Misto* A Cappella (2015)
350. *Provérbios de Ptahotep para Coro Misto* A Cappella (2015)
351. *In E (Em Mi), para Grupo de Percussão* (2015)
352. *Música Performática nº 1 para Coro Misto* A Cappella (2015)
353. *Canide Iune para "Coro Infantil"* (a três vozes) *e Percussão* (2015)
354. *Ave Maria, para Contralto e Piano* (2015)

Bibliografia

ARZOLLA, Antonio Roberto Roccio dal Posso. *Uma abordagem analítico-interpretativa do Concerto 1990 para contrabaixo e orquestra de Ernst Mahle*. Rio de Janeiro: UNIRIO; Centro de Artes e Letras, 1996.

BARRAUD, Henry. *Para compreender as músicas de hoje*. São Paulo: Perspectiva, 1983.

BORÉM, Fausto. Contrabaixo para compositores: uma análise de "pérolas" e "pepinos" selecionados da literatura sinfônica, de câmara e solística. In: ENCONTRO ANUAL DA ANPPOM, 8., 1995, João Pessoa. *Anais*... João Pessoa: ANPPOM, 1995.

BORÉM, Fausto. *Duo Concertant – Danger Man de Lewis Nielson: aspectos da escrita idiomática para contrabaixo*. Belo Horizonte: Per Musi, 2000.

BORÉM, Fausto. *Lucípherez de Eduardo Bértola: a colaboração compositor-performer e a escrita idiomática para contrabaixo*. Rio de Janeiro: Opus, 1998.

BORÉM, Fausto. O Projeto "Pérolas" e "Pepinos" e a ampliação do repertório idiomático brasileiro para o contrabaixo: transcrições e obras resultantes da colaboração compositor-contrabaixista. In: ENCONTRO INTERNACIONAL DE CONTRABAIXISTAS, 5., 2000, Goiânia. *Anais*... Goiânia: UFG, 2000.

BORÉM, Fausto. *Perfect Partners: A Performer-Composer Collaboration in Andersen Viana's Double Bass Sonata. Double Bassist*, Londres, n. 8, 1999.

BORÉM, Fausto. Prelúdio Op. 14 nº 4 de André Dolabella: a integração entre o processo composicional e a escrita idiomática para contrabaixo. In: ENCONTRO ANUAL DA ANPPOM, 13., 2001, Belo Horizonte. *Anais*... Belo Horizonte: ANPPOM, 2001.

BOULEZ, Pierre. *Apontamentos de aprendiz*. São Paulo: Perspectiva, 1995.

BRUN, Paul. *The History of the Double Bass*. França: Edição do autor, 1989.

COPLAND, Aaron. *Como ouvir e entender música*. Rio de Janeiro: Artenova, 1974.

DICIONÁRIO GROVE DE MÚSICA. Rio de Janeiro: Jorge Zahar, 1994.

GROUT, Donald J.; PALISCA, Claude V. *História da Música Ocidental*. Lisboa: Gradiva, 1997.

GROVE DICTIONARY OF MUSIC AND MUSICIANS. Londres: MacMillan, 1980.

HOMEM, Fernando Pacífico. *As influências do Maestro Sebastião Vianna no cenário musical erudito de Belo Horizonte*. Tese (Doutorado em Música) – Escola de Música, Universidade Federal da Bahia, Salvador, 2013.

HOMEM, F. P. *Expedito Vianna: um flautista à frente de seu tempo*. Belo Horizonte: UFMG, 2005. Dissertação (Mestrado em Música) – Escola de Música, Universidade Federal de Minas Gerais, Belo Horizonte, 2005.

INTERNATIONAL SOCIETY OF BASSISTS. *The Double Bass Works of Paul Ramsier*, 1983.

MAGNANI, Sérgio. *Expressão e comunicação da linguagem da música*. Belo Horizonte: Ed. da UFMG, 1989.

MARIZ, Vasco. História da música no Brasil. Rio de Janeiro: Civilização Brasileira, 1983.

MASSIN, Jean; MASSIN, Brigitte. *História da música ocidental.* Rio de Janeiro: Nova Fronteira, 1997.

NEVES, José Maria. *Música contemporânea brasileira.* São Paulo: Ricordi Brasileira, 1981.

PETRACCHI, Francesco. *Simplified Higher Technique.* Londres: Yorke, 1982.

RAY, Sônia. *Brazilian Classical Music for the Double Bass: An Overview of the Instrument, the Major Popular Music Influences, Within its Repertoire and a Thematic Catalogue.* Iowa: The University of Iowa, 1998.

SALZMAN, Eric. *Introdução à música do século XX.* Rio de Janeiro: Zahar, 1970.

SIMANDL, Franz. *New Method for the Double Bass.* Nova York: Carl Fischer, 1984.

SANTOS, Denise Viana dos. *Lembranças de Minas... Sebastião Vianna – música* tecendo vidas. *A arte como ofício.* Dissertação (Mestrado em Música) – Escola de Música, Universidade Estadual de Minas Gerais, Belo Horizonte, 2004.

STREICHER, Ludwig. *Mei musizieren auf dem contrabass.* Munique: Verlag Doblinger, 1978.

TACUCHIAN, Ricardo. Duas décadas de música de concerto no Brasil: tendências estéticas. In: ENCONTRO NACIONAL DA ANPPOM, 11., 1998, Campinas. *Anais...* Campinas: ANPPOM, 1998.

TACUCHIAN, Ricardo. *Música pós-moderna no final do século.* Rio de Janeiro: Conservatório Brasileiro de Música, 1995.

THURMOND, James Morgan. *Note Grouping, A Method for Achieving Expression and Style in Musical Performance.* Ft. Lauderdale, USA: Meredith Music Publications, 1991.

TURETZKY, Bertram. *New Work of John Voight.* Dallas: International Society of Bassists, 1981.

VIANA, Andersen. *Entrevistas concedidas a Marcelo de Magalhães Cunha.* Belo Horizonte: 2000. (Arquivo pessoal do autor).

VIANA, Andersen. *Quarteto de Cordas nº 2.* Belo Horizonte: 1990. (Partitura, arquivo pessoal).

VIANA, Andersen. *Sonata para Contrabaixo e Piano.* Belo Horizonte: 1996. (Partitura, arquivo pessoal).

VIANA, Andersen. *Sonata para Flauta e Piano.* Belo Horizonte: 1988. (Partitura, arquivo pessoal).

VOLPE, Maria Alice. *Música de câmara no Brasil do período romântico brasileiro – 1850/1930.* São Paulo: UNESP, 1994.

WALTER, David. *Ginastera and the Double Bass.* Dallas: International Society of Bassists, 1979.

ZAMACOIS, Joaquín. *Curso de formas musicales.* Barcelona: Labor, 1993.

ZAMACOIS, Joaquín. *Teoría de la música.* Barcelona: Labor, 1979.

Este livro foi composto com tipografia Bembo Std e impresso
em papel Offset 75 g/m² na Formato Artes Gráficas.